Daniil Charms
Fälle

Russisch/Deutsch

Übersetzt
und herausgegeben von
Kay Borowsky

Philipp Reclam jun. Stuttgart

Der russische Text folgt der Ausgabe:
Daniil Charms: Polet v nebesa. Stichi. Proza.
Dramy. Pis'ma. Leningrad: »Sovetskij pisatel'«,
Leningradskoe otdelenie, 1988. S. 353–397.

Universal-Bibliothek Nr. 9344
Alle Rechte vorbehalten
© 1995 Philipp Reclam jun. GmbH & Co., Stuttgart
Umschlagabbildung: Daniil Charms, *Applikation*
Satz: Storz Fremdsprachensatz, Leinfelden-Echterdingen
Druck und Bindung: Reclam, Ditzingen. Printed in Germany 2002
RECLAM und UNIVERSAL-BIBLIOTHEK sind eingetragene Marken
der Philipp Reclam jun. GmbH & Co., Stuttgart
ISBN 3-15-009344-9

www.reclam.de

ДаНиил ХаРМС

СЛУЧАИ.

посвящаю Марине Владимировне Малич.

Titel mit Widmung auf dem Manuskriptumschlag der »Fälle«.

1 Голубая тетрадь № 10

Жил один рыжий человек, у которого не было глаз и ушей. У него не было и волос, так что рыжим его называли условно.

Говорить он не мог, так как у него не было рта. Носа тоже у него не было.

У него не было даже рук и ног. И живота у него не было, и спины у него не было, и хребта у него не было, и никаких внутренностей у него не было. Ничего не было! Так что непонятно, о ком идет речь.

Уж лучше мы о нем не будем больше говорить.

1 Blaues Heft Nr. 10[1]

Es war einmal ein rothaariger Mann, der hatte keine
Augen und keine Ohren. Haare hatte er auch keine,
so daß man ihn nur bedingt einen Rotschopf nennen
konnte.
Sprechen konnte er nicht, denn er hatte keinen Mund.
Eine Nase hatte er auch nicht.
Er hatte nicht einmal Arme und Beine. Und er hatte
keinen Bauch, und er hatte keinen Rücken, und er hatte
kein Rückgrat, und Eingeweide hatte er auch nicht.
Überhaupt nichts hatte er! So daß man gar nicht ver-
steht, von wem die Rede ist.
Besser, wir sprechen nicht mehr von ihm.

---

1 Die Erzählung war vom Autor zuerst in ein blau eingeschlagenes
Heft geschrieben worden und erschien dort als Nr. 10 — daher der
Titel.

Однажды Орлов объелся толченым горохом и умер. А Крылов, узнав об этом, тоже умер. А Спиридонов умер сам собой. А жена Спиридонова упала с буфета и тоже умерла. А дети Спиридонова утонули в пруду. А бабушка Спиридонова спилась и пошла по дорогам. А Михайлов перестал причесываться и заболел паршой. А Круглов нарисовал даму с кнутом в руках и сошел с ума. А Перекрестов получил телеграфом четыреста рублей и так заважничал, что его вытолкали со службы.

Хорошие люди и не умеют поставить себя на твердую ногу.

2 Fälle

Einmal überaß sich Orlow an Erbsenbrei und starb. Und Krylow, der davon hörte, starb auch. Und Spiridonow starb von allein. Und Spiridonows Frau fiel vom Büfett und starb auch. Und Spiridonows Kinder ertranken im Teich. Und Spiridonows Großmutter ergab sich dem Suff und landete auf der Straße. Und Michajlow hörte auf, sich zu kämmen, und bekam die Krätze. Und Kruglow malte eine Dame mit einer Knute in der Hand und wurde verrückt. Und Perechrjostow erhielt telegraphisch vierhundert Rubel und machte sich derart wichtig, daß man ihn aus dem Dienst warf.

Lauter anständige Leute, und bekommen kein Bein auf den Boden.

3 Вываливающиеся старухи

Одна старуха от чрезмерного любопытства вывалилась из окна, упала и разбилась.

Из окна высунулась другая старуха и стала смотреть вниз на разбившуюся, но от чрезмерного любопытства тоже вывалилась из окна, упала и разбилась.

Потом из окна вывалилась третья старуха, потом четвертая, потом пятая.

Когда вывалилась шестая старуха, мне надоело смотреть на них, и я пошел на Мальцевский рынок, где, говорят, одному слепому подарили вязаную шаль.

3 Die herausfallenden alten Frauen

Eine alte Frau fiel vor lauter Neugierde aus dem Fenster, schlug auf und brach sich das Genick.

Da lehnte sich eine zweite alte Frau aus dem Fenster und begann zu der Toten hinabzuschauen, doch vor lauter Neugierde fiel auch sie aus dem Fenster, schlug auf und brach sich das Genick.

Dann fiel eine dritte alte Frau aus dem Fenster, dann eine vierte, dann eine fünfte.

Als die sechste alte Frau aus dem Fenster gefallen war, hatte ich keine Lust mehr, ihnen zuzuschauen, und ging auf den Malzewskij-Markt, wo man, wie es heißt, einem Blinden einen gestrickten Schal geschenkt hatte.

Удивительный случай случился со мной: я вдруг позабыл, что идет раньше, 7 или 8.

Я отправился к соседям и спросил их, что они думают по этому поводу.

Каково же было их и мое удивление, когда они вдруг обнаружили, что тоже не могут вспомнить порядок счета. 1, 2, 3, 4, 5 и 6 помнят, а дальше забыли.

Мы все пошли в коммерческий магазин «Гастроном», что на углу Знаменской и Бассейной улицы, и спросили кассиршу о нашем недоумении. Кассирша грустно улыбнулась, вынула изо рта маленький молоточек и, слегка подвигав носом, сказала: «По-моему, семь идет после восьми в том случае, когда восемь идет после семи».

Мы поблагодарили кассиршу и с радостью выбежали из магазина. Но тут, вдумываясь в слова кассирши, мы опять приуныли, так как ее слова показались нам лишенными всякого смысла.

Что нам было делать? Мы пошли в Летний сад и стали там считать деревья. Но, дойдя в счете до 6-ти, мы остановились и начали спорить: по мнению одних, дальше следовало 7, а по мнению других – 8.

Мы спорили бы очень долго, но, по счастию, тут со скамейки свалился какой-то ребенок и сломал себе обе челюсти. Это отвлекло нас от нашего спора.

А потом мы разошлись по домам.

4 Sonett

Mir ist mal was Seltsames passiert: ich hatte plötzlich vergessen, was zuerst kommt: die 7 oder die 8.
Ich ging zu den Nachbarn und fragte sie, was sie in dieser Sache meinten.
Wie groß aber war ihre und meine Überraschung, als auch sie plötzlich entdeckten, daß sie sich an die Reihenfolge nicht erinnern konnten. 1, 2, 3, 4, 5 und 6 — das wußten sie noch, aber wie es weiterging, hatten sie vergessen.
Wir gingen zusammen ins Kaufhaus »Gastronom«, Ecke Snamenskaja und Bassejnaja, und trugen der Kassiererin unser Problem vor. Die Kassiererin lächelte wehmütig, zog ein kleines Hämmerchen aus dem Mund und sagte, wobei sie die Nase kraus zog: »Meiner Meinung nach kommt die 7 nach der 8, wenn die 8 nach der 7 kommt.«
Wir bedankten uns bei der Kassiererin und verließen frohgemut den Laden. Doch plötzlich, als wir die Worte der Kassiererin genauer bedachten, ließen wir den Kopf wieder hängen, da sich ihre Worte als vollkommen sinnlos erwiesen.
Was sollten wir also tun? Wir gingen in den Sommergarten und begannen dort, die Bäume zu zählen. Aber als wir beim Zählen bis 6 gekommen waren, hielten wir inne und fingen an zu streiten: nach Meinung der einen folgte nun die 7, nach Meinung der andern die 8.
Wir hätten noch lange gestritten, aber zum Glück fiel in dem Moment ein kleines Kind von der Bank und brach sich beide Kiefer. Das brachte uns von unserem Streit ab.
Und dann ging jeder für sich nach Hause.

5 Петров и Камаров

Петров.
 Эй, Камаров!
 Давай ловить комаров!
Камаров.
 Нет, я к этому еще не готов;
 Давай лучше ловить котов!

5 Petrow und Kamarow

Petrow.
  Kamarow, hör auf zu kau'n,
  komm, wir gehn 'ne Kamera klaun!
Kamarow.
  Ich glaub, du hast 'ne Macke, eh!
  Wenn schon, dann 'ne BMW![2]

2 Da das Wortspiel des Originals, in dem Petrow seinen Genossen
  Kamarow auffordert, auf Mückenfang auszugehen — *komar*
  ›Mücke‹ —, Kamarow aber nur zum Fang von Katern bereit ist,
  im Deutschen nicht beibehalten werden kann, wird hier eine
  ›zeitgemäße‹ Übersetzung gegeben.

Семен Семенович, надев очки, смотрит на сосну
и видит: на сосне сидит мужик и показывает ему
кулак.

Семен Семенович, сняв очки, смотрит на сосну
и видит, что на сосне никто не сидит.

Семен Семенович, надев очки, смотрит на сосну
и опять видит, что на сосне сидит мужик и показывает ему кулак.

Семен Семенович, сняв очки, опять видит, что
на сосне никто не сидит.

Семен Семенович, опять надев очки, смотрит на
сосну и опять видит, что на сосне сидит мужик
и показывает ему кулак.

Семен Семенович не желает верить в это явление
и считает это явление оптическим обманом.

6 Optische Täuschung

Semjon Semjonowitsch setzt die Brille auf, schaut zur Kiefer und sieht: auf der Kiefer sitzt ein Kerl und droht ihm mit der Faust.

Semjon Semjonowitsch nimmt die Brille ab, schaut zur Kiefer und sieht, daß auf der Kiefer niemand sitzt.

Semjon Semjonowitsch setzt die Brille auf, schaut zur Kiefer und sieht wieder: auf der Kiefer sitzt ein Kerl und droht ihm mit der Faust.

Semjon Semjonowitsch nimmt die Brille ab und sieht wieder, daß auf der Kiefer niemand sitzt.

Semjon Semjonowitsch setzt die Brille wieder auf, schaut zur Kiefer und sieht wieder: auf der Kiefer sitzt ein Kerl und droht ihm mit der Faust.

Semjon Semjonowitsch will dieser Erscheinung nicht glauben und hält sie für eine optische Täuschung.

Гоголь *падает из-за кулис на сцену и смирно лежит.*

Пушкин *(выходит, спотыкается об Гоголя и падает).* Вот черт! Никак об Гоголя!

Гоголь *(поднимаясь).* Мерзопакость какая! Отдохнуть не дадут. *(Идет, спотыкается об Пушкина и падает.)* Никак об Пушкина спотыкнулся!

Пушкин *(поднимаясь).* Ни минуты покоя! *(Идет, спотыкается об Гоголя и падает.)* Вот черт! Никак опять об Гоголя!

Гоголь *(поднимаясь).* Вечно во всем помеха! *(Идет, спотыкается об Пушкина и падает.)* Вот мерзопакость! Опять об Пушкина!

Пушкин *(поднимаясь).* Хулиганство! Сплошное хулиганство! *(Идет, спотыкается об Гоголя и падает.)* Вот черт! Опять об Гоголя!

Гоголь *(поднимаясь).* Это издевательство сплошное! *(Идет, спотыкается об Пушкина и падает.)* Опять об Пушкина!

Пушкин *(поднимаясь).* Вот черт! Истинно, что черт! *(Идет, спотыкается об Гоголя и падает.)* Об Гоголя!

Гоголь *(поднимаясь).* Мерзопакость! *(Идет, спотыкается об Пушкина и падает.)* Об Пушкина!

Пушкин *(поднимаясь).* Вот черт! *(Идет, спотыкается об Гоголя и падает за кулисы.)* Об Гоголя!

Гоголь *(поднимаясь).* Мерзопакость! *(Уходит за кулисы.)*

За сценой слышен голос Гоголя: «Об Пушкина!»

Занавес.

7 Puschkin und Gogol

Gogol *fällt aus den Kulissen auf die Bühne und bleibt ruhig liegen.*

Puschkin *(kommt auf die Bühne, stolpert über Gogol und fällt).* Zum Teufel! Schon wieder über Gogol!

Gogol *(erhebt sich).* So eine Sauerei! Nicht mal ausruhn kann man. *(Geht, stolpert über Puschkin und fällt.)* Bin wohl über Puschkin gestolpert!

Puschkin *(erhebt sich).* Keine Minute Ruhe! *(Geht, stolpert über Gogol und fällt.)* Zum Teufel! Schon wieder über Gogol!

Gogol *(erhebt sich).* Ewig und überall ist was im Weg. *(Geht, stolpert über Puschkin und fällt.)*
So eine Sauerei! Wieder über Puschkin!

Puschkin *(erhebt sich).* Rüpelei! Gemeine Rüpelei! *(Geht, stolpert über Gogol und fällt.)* Zum Teufel! Wieder über Gogol!

Gogol *(erhebt sich).* Das ist doch der Gipfel! *(Geht, stolpert über Puschkin und fällt.)* Wieder über Puschkin!

Puschkin *(erhebt sich).* Zum Teufel! Aber wirklich, zum Teufel! *(Geht, stolpert über Gogol und fällt.)* Über Gogol!

Gogol *(erhebt sich).* Sauerei! *(Geht, stolpert über Puschkin und fällt.)* Über Puschkin!

Puschkin *(erhebt sich).* Zum Teufel! *(Geht, stolpert über Gogol und fällt hinter die Kulissen.)* Über Gogol.

Gogol *(erhebt sich).* Sauerei! *(Ab in die Kulissen.)*
Hinter der Bühne Gogols Stimme: »*Über Puschkin!*«

Vorhang.

Жил-был столяр. Звали его Кушаков.

Однажды вышел он из дома и пошел в лавочку купить столярного клея.

Была оттепель, и на улице было очень скользко.

Столяр прошел несколько шагов, поскользнулся, упал и расшиб себе лоб.

– Эх! – сказал столяр, встал, пошел в аптеку, купил пластырь и заклеил себе лоб.

Но когда он вышел на улицу и сделал несколько шагов, он опять поскользнулся, упал и расшиб себе нос.

– Фу! – сказал столяр, пошел в аптеку, купил пластырь и заклеил пластырем себе нос.

Потом он опять вышел на улицу, опять поскользнулся, упал и расшиб себе щеку.

Пришлось опять пойти в аптеку и заклеить пластырем щеку.

– Вот что, – сказал столяру аптекарь, – вы так часто падаете и расшибаетесь, что я советую вам купить пластырей несколько штук.

– Нет, – сказал столяр, – больше не упаду!

Но когда он вышел на улицу, то опять поскользнулся, упал и расшиб себе подбородок.

– Паршивая гололедица! – закричал столяр и опять побежал в аптеку.

– Ну вот видите, – сказал аптекарь. – Вот вы опять упали.

Es war einmal ein Tischler. Er hieß Kuschakow.

Eines Tages verließ er das Haus und ging in einen Laden, Tischlerleim einkaufen.

Es taute gerade, und auf der Straße war es sehr glatt.

Der Tischler ging einige Schritte, glitt aus, fiel hin und schlug sich die Stirn auf.

»Äh!« sagte der Tischler, stand auf, ging in die Apotheke, kaufte ein Pflaster und klebte es sich auf die Stirn.

Doch als er auf die Straße trat und ein paar Schritte gegangen war, glitt er wieder aus, fiel hin und schlug sich die Nase auf.

»Uh!« sagte der Tischler, ging in die Apotheke, kaufte ein Pflaster und klebte es sich auf die Nase.

Dann trat er wieder auf die Straße, glitt wieder aus, fiel hin und schlug sich die Wange auf.

Da mußte er wieder in die Apotheke und sich ein Pflaster auf die Wange kleben.

»Wissen Sie was?« sagte der Apotheker zum Tischler, »Sie fallen so oft hin und schlagen sich was auf, daß ich Ihnen empfehle, sich gleich mehrere Pflaster zu kaufen.«

»Nein«, sagte der Tischler, »jetzt falle ich nicht mehr hin!«

Aber als er auf die Straße trat, glitt er wieder aus, fiel hin und schlug sich das Kinn auf.

»Verdammtes Glatteis!« rief der Tischler und lief wieder in die Apotheke.

»Sehn Sie«, sagte der Apotheker, »Sie sind doch wieder hingefallen.«

– Нет! – закричал столяр. – Ничего слышать не хочу! Давайте скорее пластырь!

Аптекарь дал пластырь; столяр заклеил себе подбородок и побежал домой.

А дома его не узнали и не пустили в квартиру.

– Я столяр Кушаков! – кричал столяр.

– Рассказывай! – отвечали из квартиры и заперли дверь на крюк и на цепочку.

Столяр Кушаков постоял на лестнице, плюнул и пошел на улицу.

»Nein!« rief der Tischler, »ich will nichts hören. Geben Sie mir schnell ein Pflaster!«

Der Apotheker gab ihm das Pflaster; der Tischler klebte es sich ans Kinn und lief nach Hause.

Aber zu Hause erkannte man ihn nicht und ließ ihn nicht in die Wohnung.

»Ich bin der Tischler Kuschakow!« rief der Tischler.

»Das kann jeder behaupten!« kam von innen die Antwort, und dann wurde die Tür verriegelt und die Kette vorgelegt.

Der Tischler Kuschakow stand eine Weile auf der Treppe, dann spuckte er aus und ging auf die Straße.

9 Сундук

Человек с тонкой шеей забрался в сундук, закрыл за собой крышку и начал задыхаться.

– Вот, – говорил, задыхаясь, человек с тонкой шеей, – я задыхаюсь в сундуке, потому что у меня тонкая шея. Крышка сундука закрыта и не пускает ко мне воздуха. Я буду задыхаться, но крышку сундука все равно не открою. Постепенно я буду умирать. Я увижу борьбу жизни и смерти. Бой произойдет неестественный, при равных шансах, потому что естественно побеждает смерть, а жизнь, обреченная на смерть, только тщетно борется с врагом, до последней минуты не теряя напрасной надежды. В этой же борьбе, которая произойдет сейчас, жизнь будет знать способ своей победы: для этого жизни надо заставить мои руки открыть крышку сундука. Посмотрим: кто кого? Только вот ужасно пахнет нафталином. Если победит жизнь, я буду вещи в сундуке пересыпать махоркой... Вот началось: я больше не могу дышать. Я погиб, это ясно! Мне уже нет спасения! И ничего возвышенного нет в моей голове. Я задыхаюсь!..

Ой! что же это такое? Сейчас что-то произошло, но я не могу понять, что именно. Я что-то видел или что-то слышал!..

Ой! опять что-то произошло! Боже мой! Мне нечем дышать. Я, кажется, умираю...

А это еще что такое? Почему я пою? Кажется, у меня болит шея... Но где же сундук? Почему

9 Die Truhe

Ein Mann mit einem dünnen Hals stieg in eine Truhe,
schloß den Deckel über sich und begann zu ersticken.
»So«, sagte erstickend der Mann mit dem dünnen
Hals, »ich ersticke in der Truhe, weil ich einen dünnen
Hals habe. Der Deckel der Truhe ist zu und läßt keine
Luft zu mir herein. Ich werde ersticken, den Truhen-
deckel mache ich aber trotzdem nicht auf. Langsam
werde ich sterben. Ich werde dem Kampf zwischen
Leben und Tod beiwohnen. Es ist, bei gleichen
Chancen, ein unnatürlicher Kampf, denn natürlich
siegt der Tod, und das Leben, zum Tode verurteilt,
kämpft ganz vergeblich mit dem Feind und gibt bis
zur letzten Minute die eitle Hoffnung nicht auf.
In diesem Kampf, der nun stattfindet, kennt das
Leben die Methode seines Sieges: das Leben muß
meine Hände zwingen, den Deckel der Truhe zu
öffnen. Schaun wir mal: wer wen? Aber wie fürchterlich es hier nach Naphthalin riecht. Wenn das Leben
siegt, bestreue ich die Sachen in der Truhe mit
Machorka... So, es fängt an: ich kann nicht mehr
atmen. Ich bin verloren, das ist klar! Es gibt keine
Rettung mehr! Und nichts Erhabenes in meinem
Kopf. Ich ersticke! ...
Oh! Was ist denn das? Eben ist etwas geschehen,
aber ich begreife nicht, was. Ich habe etwas gesehen
oder etwas gehört! ...
Oh! Wieder ist etwas geschehen! Mein Gott! Ich
kriege keine Luft mehr. Ich glaube, ich sterbe...
Aber was ist denn das jetzt noch? Warum singe ich?
Ich glaube, ich habe Nackenschmerzen... Aber wo ist

я вижу все, что находится у меня в комнате? Да никак я лежу на полу! А где же сундук?

Человек с тонкой шеей поднялся с пола и посмотрел кругом. Сундука нигде не было. На стульях и на кровати лежали вещи, вынутые из сундука, а сундука нигде не было.

Человек с тонкой шеей сказал:

— Значит, жизнь победила смерть неизвестным для меня способом.

die Truhe? Warum sehe ich alles, was sich in meinem Zimmer befindet? Und anscheinend liege ich auf dem Fußboden! Und wo ist die Truhe?

Der Mann mit dem dünnen Hals stand auf und schaute sich um. Es war keine Truhe da. Auf Stühlen und auf dem Bett lagen die Sachen aus der Truhe, die Truhe aber war nirgends.

Der Mann mit dem dünnen Hals sagte:

»Das bedeutet, das Leben hat mit einer mir unbekannten Methode den Tod besiegt.«

Вот однажды Петраков хотел спать лечь, да лег мимо кровати. Так он об пол ударился, что лежит на полу и встать не может.

Вот Петраков собрал последние силы и встал на четвереньки. А силы его покинули, и он опять упал на живот и лежит.

Лежал Петраков на полу часов пять. Сначала просто так лежал, а потом заснул.

Сон подкрепил силы Петракова. Он проснулся совершенно здоровым, встал, прошелся по комнате и лег осторожно на кровать. «Ну, – думает, – теперь посплю». А спать-то уже и не хочется. Ворочается Петраков с боку на бок и никак заснуть не может.

Вот, собственно, и все.

10 Der Fall Petrakow

Petrakow wollte sich einmal schlafen legen, legte sich aber neben das Bett. Dabei schlug er dermaßen auf den Boden, daß er liegenblieb und nicht mehr aufstehen konnte.

Da nahm Petrakow seine letzten Kräfte zusammen und erhob sich auf alle viere. Doch die Kräfte verließen ihn, er fiel wieder auf den Bauch und blieb liegen.

Fünf Stunden lag Petrakow auf dem Boden. Erst lag er nur so da, dann schlief er ein.

Der Schlaf verlieh Petrakow neue Kräfte. Er erwachte gesund und wohlbehalten, stand auf, ging im Zimmer auf und ab und legte sich vorsichtig aufs Bett. ›So‹, dachte er, ›nun will ich ein bißchen schlafen.‹ Aber der Schlaf wollte nicht kommen. Petrakow wälzte sich von einer Seite auf die andere und konnte und konnte nicht einschlafen.

Das ist eigentlich alles.

11 История дерущихся

Алексей Алексеевич подмял под себя Андрея Карловича и, набив ему морду, отпустил его.

Андрей Карлович, бледный от бешенства, кинулся на Алексея Алексеевича и ударил его по зубам.

Алексей Алексеевич, не ожидая такого быстрого нападения, повалился на пол, а Андрей Карлович сел на него верхом, вынул у себя изо рта вставную челюсть и так обработал ею Алексея Алексеевича, что Алексей Алексеевич поднялся с полу с совершенно искалеченным лицом и рваной ноздрей. Держась руками за лицо, Алексей Алексеевич убежал.

А Андрей Карлович протер свою вставную челюсть, вставил ее себе в рот, пощелкал зубами и, убедившись, что челюсть пришлась на место, осмотрелся вокруг и, не видя Алексея Алексеевича, пошел его разыскивать.

11 Die Geschichte zweier Raufbolde

Alexej Alexejewitsch hatte Andrej Karlowitsch unter sich, polierte ihm die Fresse und ließ ihn los.

Andrej Karlowitsch, bleich vor Wut, stürzte sich auf Alexej Alexejewitsch und schlug ihm die Zähne ein.

Alexej Alexejewitsch, auf einen so raschen Angriff nicht gefaßt, stürzte zu Boden, Andrej Karlowitsch setzte sich auf ihn, nahm sich das Gebiß aus dem Mund und bearbeitete damit Alexej Alexejewitsch dermaßen, daß dieser sich mit völlig entstelltem Gesicht und zerschlagenem Nasenbein erhob. Die Hände vor dem Gesicht, lief Alexej Alexejewitsch davon. Andrej Karlowitsch wischte sein Gebiß ab, setzte es sich wieder in den Mund, biß ein paar Mal laut die Zähne aufeinander, und als er sich davon überzeugt hatte, daß das Gebiß wieder saß, schaute er sich um, und da er Alexej Alexejewitsch nicht sah, ging er ihn suchen.

Калугин заснул и увидел сон, будто он сидит в кустах, а мимо кустов проходит милиционер.

Калугин проснулся, почесал рот и опять заснул, и опять увидел сон, будто он идет мимо кустов, а в кустах притаился и сидит милиционер.

Калугин проснулся, положил под голову газету, чтобы не мочить слюнями подушку, и опять заснул, и опять увидел сон, будто он сидит в кустах, а мимо кустов проходит милиционер.

Калугин проснулся, переменил газету, лег и заснул опять. Заснул и опять увидел сон, будто он идет мимо кустов, а в кустах сидит милиционер.

Тут Калугин проснулся и решил больше не спать, но моментально заснул и увидел сон, будто он сидит за милиционером, а мимо проходят кусты.

Калугин закричал и заметался в кровати, но проснуться уже не мог.

Калугин спал четыре дня и четыре ночи подряд и на пятый день проснулся таким тощим, что сапоги пришлось подвязывать к ногам веревочкой, чтобы они не сваливались. В булочной, где Калугин всегда покупал пшеничный хлеб, его не узнали и подсунули ему полуржаной.

12 Traum

Kalugin schlief ein und träumte, er sitze in einem
Gebüsch, und an dem Gebüsch gehe ein Polizist vorbei.

Kalugin erwachte, fuhr sich über den Mund, schlief
wieder ein und träumte wieder, er gehe an einem Gebüsch vorbei, und in dem Gebüsch sitze ein Polizist
und verstecke sich.

Kalugin erwachte, legte sich eine Zeitung unter den
Kopf, um mit seinem Speichel nicht das Kopfkissen
naß zu machen, und schlief wieder ein, und wieder
träumte er, er sitze in einem Gebüsch, und an dem
Gebüsch gehe ein Polizist vorbei.

Kalugin erwachte, wechselte die Zeitung aus, legte
sich wieder hin und schlief ein. Schlief ein und träumte
wieder, er gehe an einem Gebüsch vorbei und in
dem Gebüsch sitze ein Polizist.

Hier erwachte Kalugin und beschloß, nicht weiter-
zuschlafen, schlief aber augenblicklich wieder ein und
träumte, er sitze hinter einem Polizisten und vorbei
gehe ein Gebüsch.

Kalugin schrie auf und warf sich im Bett hin und her,
aber aufwachen konnte er nicht mehr.

Kalugin schlief vier Tage und vier Nächte lang, und
am fünften Tag wachte er so abgemagert auf, daß er
die Stiefel mit einer Schnur an den Beinen festbinden
mußte, um sie nicht zu verlieren. In der Bäckerei, wo
Kalugin immer sein Weißbrot kaufte, erkannte man
ihn nicht und packte ihm heimlich ein Mischbrot
ein.

А санитарная комиссия, ходя по квартирам и увидя Калугина, нашла его антисанитарным и никуда не годным и приказала жакту выкинуть Калугина вместе с сором.

Калугина сложили пополам и выкинули его как сор.

Und die Hygienekommission, die die Runde durch die Wohnungen machte, befand Kalugin für unhygienisch und überhaupt für unbrauchbar und befahl dem Mieterkollektiv, ihn zusammen mit dem Müll wegzukippen.
Kalugin wurde in der Mitte zusammengelegt und wie Müll weggekippt.

Математик *(вынимая из головы шар).*
  Я вынул из головы шар.
  Я вынул из головы шар.
  Я вынул из головы шар.
  Я вынул из головы шар.
Андрей Семенович.
  Положь его обратно.
  Положь его обратно.
  Положь его обратно.
  Положь его обратно.
Математик.
  Нет, не положу!
  Нет, не положу!
  Нет, не положу!
  Нет, не положу!
Андрей Семенович.
  Ну и не клади.
  Ну и не клади.
  Ну и не клади.
Математик.
  Вот и не положу!
  Вот и не положу!
  Вот и не положу!
Андрей Семенович.
  Ну и ладно.
  Ну и ладно.
  Ну и ладно.
Математик.
  Вот я и победил!

13 Der Mathematiker und Andrej Semjonowitsch

Mathematiker *(holt sich eine Kugel aus dem Kopf).*
Ich habe aus meinem Kopf eine Kugel geholt.
Ich habe aus meinem Kopf eine Kugel geholt.
Ich habe aus meinem Kopf eine Kugel geholt.
Ich habe aus meinem Kopf eine Kugel geholt.
Andrej Semjonowitsch.
Leg sie wieder zurück.
Leg sie wieder zurück.
Leg sie wieder zurück.
Leg sie wieder zurück.
Mathematiker.
Nein, das tue ich nicht!
Nein, das tue ich nicht!
Nein, das tue ich nicht!
Nein, das tue ich nicht!
Andrej Semjonowitsch.
Dann eben nicht.
Dann eben nicht.
Dann eben nicht.
Mathematiker.
Ich lege sie nicht zurück!
Ich lege sie nicht zurück!
Ich lege sie nicht zurück!
Andrej Semjonowitsch.
Ist ja gut.
Ist ja gut.
Ist ja gut.
Mathematiker.
Ich habe gesiegt!

Вот я и победил!
Вот я и победил!

Андрей Семенович. Ну победил и успокойся!

Математик.

Нет, не успокоюсь!
Нет, не успокоюсь!
Нет, не успокоюсь!

Андрей Семенович. Хоть ты и математик, а, честное слово, ты не умен.

Математик.

Нет, умен и знаю очень много!
Нет, умен и знаю очень много!
Нет, умен и знаю очень много!

Андрей Семенович. Много, да только все ерунду.

Математик.

Нет, не ерунду!
Нет, не ерунду!
Нет, не ерунду!

Андрей Семенович. Надоело мне с тобой препираться!

Математик.

Нет, не надоело!
Нет, не надоело!
Нет, не надоело!

Андрей Семенович досадливо машет рукой и уходит. Математик, постояв минуту, уходит вслед за Андреем Семеновичем.

Занавес.

Ich habe gesiegt!
Ich habe gesiegt!

Andrej Semjonowitsch. Du hast gesiegt, und jetzt gib Ruh!

Mathematiker.
Nein, ich gebe keine Ruh!
Nein, ich gebe keine Ruh!
Nein, ich gebe keine Ruh!

Andrej Semjonowitsch. Du bist zwar Mathematiker, aber ehrlich gesagt — klug bist du nicht.

Mathematiker.
Doch, ich bin klug und weiß sehr viel!
Doch, ich bin klug und weiß sehr viel!
Doch, ich bin klug und weiß sehr viel!

Andrej Semjonowitsch. Viel, aber lauter Blödsinn.

Mathematiker.
Nein, keinen Blödsinn!
Nein, keinen Blödsinn!
Nein, keinen Blödsinn!

Andrej Semjonowitsch. Ich habe es satt, mich mit dir herumzustreiten!

Mathematiker.
Nein, du hast es nicht satt!
Nein, du hast es nicht satt!
Nein, du hast es nicht satt!

Andrej Semjonowitsch winkt ärgerlich ab und geht. Der Mathematiker bleibt einen Augenblick stehen, dann folgt er Andrej Semjonowitsch.

Vorhang.

14 Молодой человек, удививший сторожа

— Ишь ты! — сказал сторож, рассматривая муху. — Ведь если помазать ее столярным клеем, то ей, пожалуй, и конец придет. Вот ведь история! От простого клея!

— Эй ты, леший! — окрикнул сторожа молодой человек в желтых перчатках.

Сторож сразу же понял, что это обращаются к нему, но продолжал смотреть на муху.

— Не тебе, что ли, говорят? — крикнул опять молодой человек. — Скотина!

Сторож раздавил муху пальцем и, не поворачивая головы к молодому человеку, сказал:

— А ты чего, срамник, орешь-то? Я и так слышу. Нечего орать-то!

Молодой человек почистил перчатками свои брюки и деликатным голосом спросил:

— Скажите, дедушка, как тут пройти на небо?

Сторож посмотрел на молодого человека, прищурил один глаз, потом прищурил другой, потом почесал себе бородку, еще раз посмотрел на молодого человека и сказал:

— Ну, нечего тут задерживаться, проходите мимо.

— Извините, — сказал молодой человек, — ведь я по срочному делу. Там для меня уже и комната приготовлена.

— Ладно, — сказал сторож, — покажи билет.

14 Wie ein junger Mann einen Wächter in Erstaunen versetzte

»Sieh mal an!« sagte der Wächter beim Betrachten der Fliege. »Wenn ich sie jetzt mit Tischlerleim beschmiere, dürfte das ihr Ende sein. Das wäre doch was! Von einfachem Leim!«

»He, du Waldschrat!« rief ein junger Mann in gelben Handschuhen den Wächter an.

Der Wächter verstand sofort, daß er gemeint war, betrachtete aber weiterhin die Fliege.

»Dich meine ich!« rief der junge Mann wieder. »Rindvieh!«

Der Wächter zerdrückte mit dem Finger die Fliege und sagte, ohne den Kopf zu dem jungen Mann zu wenden:

»Und du, Schandmaul, was brüllst du hier herum? Ich bin nicht schwerhörig. Was soll das hier?«

Der junge Mann klopfte sich mit den Handschuhen die Hose ab und fragte mit rücksichtsvoller Stimme:

»Sagen Sie, Väterchen, wie komme ich hier zum Himmel?«

Der Wächter schaute den jungen Mann an, kniff erst das eine Auge zusammen, dann das andere, fuhr sich durch den Bart, schaute noch einmal den jungen Mann an und sagte:

»Hier kann man sich nicht aufhalten, gehen Sie weiter!«

»Verzeihen Sie«, sagte der junge Mann, »aber es ist dringend. Dort ist schon ein Zimmer für mich hergerichtet.«

»In Ordnung«, sagte der Wächter, »zeig deine Eintrittskarte.«

– Билет не у меня; они говорили, что меня и так пропустят, – сказал молодой человек, заглядывая в лицо сторожу.

– Ишь ты! – сказал сторож.

– Так как же? – спросил молодой человек. – Пропустите?

– Ладно, ладно, – сказал сторож. – Идите.

– А как пройти-то? Куда? – спросил молодой человек. – Ведь я и дороги-то не знаю.

– Вам куда нужно? – спросил сторож, делая строгое лицо.

Молодой человек прикрыл рот ладонью и очень тихо сказал:

– На небо!

Сторож наклонился вперед, подвинул правую ногу, чтобы встать потверже, пристально посмотрел на молодого человека и сурово спросил:

– Ты чего? Ваньку валяешь?

Молодой человек улыбнулся, поднял руку в желтой перчатке, помахал ею над головой и вдруг исчез.

Сторож понюхал воздух. В воздухе пахло жжеными перьями.

– Ишь ты! – сказал сторож, распахнул куртку, почесал себе живот, плюнул в то место, где стоял молодой человек, и медленно пошел в свою сторожку.

»Ich hab keine Eintrittskarte; man hat mir gesagt, man würde mich auch so durchlassen«, sagte der junge Mann und sah dem Wächter ins Gesicht.

»Sieh mal an!« sagte der Wächter.

»Also wie steht's?« fragte der junge Mann. »Lassen Sie mich nun durch?«

»In Ordnung, in Ordnung«, sagte der Wächter. »Gehen Sie.«

»Aber wo geht's denn lang? In welcher Richtung?« fragte der junge Mann. »Ich weiß doch den Weg nicht.«

»Wohin wollen Sie?« fragte der Wächter und setzte eine strenge Miene auf.

Der junge Mann hielt die Hand vor den Mund und sagte sehr leise:

»In den Himmel!«

Der Wächter beugte sich vor, setzte den rechten Fuß nach vorn, um fester zu stehen, schaute den jungen Mann durchdringend an und fragte barsch:

»Und wozu? Dummheiten machen?«

Der junge Mann lächelte, hob die Hand im gelben Handschuh, schwang sie über dem Kopf hin und her und war plötzlich verschwunden.

Der Wächter schnupperte. Die Luft roch nach verbrannten Federn.

»Sieh mal an!« sagte der Wächter, schlug seine Jacke zurück, kratzte sich am Bauch, spuckte auf die Stelle, wo der junge Mann gestanden hatte, und ging langsam in sein Wächterhäuschen zurück.

15 Четыре иллюстрации того,
   как новая идея огорашивает человека,
   к ней не подготовленного

I

Писатель. Я писатель.
Читатель. А по-моему, ты г...о!

Писатель стоит несколько минут потрясенный
этой новой идеей и падает замертво. Его выносят.

II

Художник. Я художник.
Рабочий. А по-моему, ты г...о!

Художник тут же побледнел как полотно,
И как тростинка закачался,
И неожиданно скончался.
Его выносят.

III

Композитор. Я композитор.
Ваня Рублев. А по-моему, ты ..!

Композитор, тяжело дыша, так и осел. Его не-
ожиданно выносят.

IV

Химик. Я химик.
Физик. А по-моему, ты ..!

Химик не сказал больше ни слова и тяжело
рухнул на пол.

15 Vier Illustrationen dazu, wie eine neue Idee
   den Menschen aus dem Gleichgewicht bringt,
   wenn er nicht auf sie vorbereitet ist

I

Schriftsteller. Ich bin Schriftsteller.
Leser. Und für mich bist du Sch...e!

*Der Schriftsteller steht minutenlang da, erschüttert
von dieser neuen Idee, und fällt wie tot zu Boden.
Er wird hinausgetragen.*

II

Maler. Ich bin Maler.
Arbeiter. Und für mich bist du Sch...e!

*Der Maler wird kreidebleich, schwankt wie ein
Schilfrohr und verscheidet unverhofft. Er wird hinausgetragen.*

III

Komponist. Ich bin Komponist.
Wanja Rubljow. Und für mich bist du ...!

*Der Komponist sackt schwer atmend in sich zusam-
men. Unverhofft wird er hinausgetragen.*

IV

Chemiker. Ich bin Chemiker.
Physiker. Und für mich bist du ...!

*Der Chemiker bringt kein Wort mehr hervor und
stürzt schwer zu Boden.*

Андрей Андреевич Мясов купил на рынке фитиль и понес его домой.

По дороге Андрей Андреевич потерял фитиль и зашел в магазин купить полтораста грамм полтавской колбасы. Потом Андрей Андреевич зашел в молокосоюз и купил бутылку кефира, потом выпил в ларьке маленькую кружечку хлебного кваса и встал в очередь за газетой. Очередь была довольно длинная, и Андрей Андреевич простоял в очереди не менее двадцати минут, но когда он подходил к газетчику, то газеты перед самым его носом кончились.

Андрей Андреевич потоптался на месте и пошел домой, но по дороге потерял кефир и завернул в булочную, купил французскую булку, но потерял полтавскую колбасу.

Тогда Андрей Андреевич пошел прямо домой, но по дороге упал, потерял французскую булку и сломал свое пенсне.

Домой Андрей Андреевич пришел очень злой и сразу лег спать, но долго не мог заснуть, а когда заснул, то увидел сон: будто он потерял зубную щетку и чистит зубы каким-то подсвечником.

16 Verluste

Andrej Andrejewitsch Mjasow kaufte auf dem Markt einen Kerzendocht und trug ihn nach Hause.

Unterwegs verlor Andrej Andrejewitsch den Docht und ging in ein Geschäft, um sich hundertfünfzig Gramm Wurst aus Poltawa zu kaufen. Dann ging Andrej Andrejewitsch in die Molkereigenossenschaft und kaufte eine Flasche Kefir, dann trank er an einem Kiosk einen kleinen Krug Brotkwas und stellte sich in eine Schlange nach der Zeitung an. Die Schlange war ziemlich lang, und Andrej Andrejewitsch stand mindestens zwanzig Minuten in der Schlange, aber als er beim Zeitungsverkäufer ankam, wurde ihm die letzte Zeitung vor der Nase weggekauft.

Andrej Andrejewitsch trat von einem Fuß auf den andern, dann machte er sich auf den Heimweg, aber unterwegs verlor er den Kefir und ging in die Bäckerei, kaufte ein französisches Weißbrot, verlor dabei aber die Wurst aus Poltawa.

Da ging Andrej Andrejewitsch schnurstracks nach Hause, unterwegs aber fiel er hin, verlor das französische Weißbrot und zerbrach sich auch noch seinen Zwicker.

Nach Hause kam Andrej Andrejewitsch sehr böse und legte sich sofort schlafen, konnte aber lange nicht einschlafen, und als er eingeschlafen war, träumte er, er habe seine Zahnbürste verloren und putze sich die Zähne mit einem Kerzenhalter.

17 Макаров и Петерсен

№ 3

Макаров. Тут, в этой книге, написано о наших желаниях и об исполнении их. Прочти эту книгу, и ты поймешь, как суетны наши желания. Ты также поймешь, как легко исполнить желание другого и как трудно исполнить желание свое.

Петерсен. Ты что-то заговорил больно торжественно. Так говорят вожди индейцев.

Макаров. Эта книга такова, что говорить о ней надо возвышенно. Даже думая о ней, я снимаю шапку.

Петерсен. А руки моешь, прежде чем коснуться этой книги?

Макаров. Да, и руки надо мыть.

Петерсен. Ты и ноги, на всякий случай, вымыл бы!

Макаров. Это неостроумно и грубо.

Петерсен. Да что же это за книга?

Макаров. Название этой книги таинственно...

Петерсен. Хи-хи-хи!

Макаров. Называется эта книга МАЛГИЛ.

Петерсен исчезает.

Макаров. Господи! Что же это такое? Петерсен!

Голос Петерсена. Что случилось? Макаров! Где я?

Nr. 3

Makarow. Hier, in diesem Buch, steht alles über unsere Wünsche und ihre Erfüllung geschrieben. Lies dieses Buch, und du wirst begreifen, wie eitel unsere Wünsche sind. Und du wirst auch begreifen, wie leicht ein fremder Wunsch und wie schwer ein eigener Wunsch zu erfüllen ist.

Petersen. Du redest ja fürchterlich pathetisch. So reden Indianerhäuptlinge.

Makarow. Von so einem Buch kann man nur in erhabenem Ton sprechen. Beim bloßen Gedanken daran ziehe ich die Mütze.

Petersen. Wäschst du dir auch die Hände, bevor du es anfaßt?

Makarow. Ja, auch die Hände muß man vorher waschen.

Petersen. Dann wasch dir für alle Fälle auch gleich die Füße!

Makarow. Das ist geistlos und grob.

Petersen. Und was ist das für ein Buch?

Makarow. Der Titel dieses Buches ist geheimnisvoll...

Petersen. Hi-hi-hi!

Makarow. Dieses Buch heißt MALGIL.

Petersen verschwindet.

Makarow. Mein Gott! Was ist das? Petersen!

Petersens Stimme. Was ist geschehen? Makarow! Wo bin ich?

Макаров. Где ты? Я тебя не вижу!

Голос Петерсена. А ты где? Я тоже тебя не вижу!.. Что это за шары?

Макаров. Что же делать? Петерсен, ты слышишь меня?

Голос Петерсена. Слышу! Но что такое случилось? И что это за шары?

Макаров. Ты можешь двигаться?

Голос Петерсена. Макаров! Ты видишь эти шары?

Макаров. Какие шары?

Голос Петерсена. Пустите!.. Пустите меня!.. Макаров!..

Тихо. Макаров стоит в ужасе, потом хватает книгу и раскрывает ее.

Макаров *(читает).* «...Постепенно человек теряет свою форму и становится шаром. И, став шаром, человек утрачивает все свои желания».

Занавес.

Makarow. Wo bist du? Ich sehe dich nicht!

Petersens Stimme. Und wo bist du? Ich sehe dich auch nicht!... Was sind das für Kugeln?

Makarow. Was soll ich tun? Petersen, hörst du mich?

Petersens Stimme. Ja! Aber was ist denn geschehen? Und was sind das für Kugeln?

Makarow. Kannst du dich bewegen?

Petersens Stimme. Makarow! Siehst du diese Kugeln?

Makarow. Was für Kugeln?

Petersens Stimme. Laßt mich! ... Laßt mich los! ... Makarow! ...

Stille. Makarow steht eine Weile entsetzt da, dann nimmt er das Buch und schlägt es auf.

Makarow *(liest). »... Allmählich verliert der Mensch seine Form und wird zu einer Kugel. Und zur Kugel geworden, verliert der Mensch alle seine Wünsche.«*

Vorhang.

Петров садится на коня и говорит, обращаясь к толпе, речь, о том, что будет, если на месте, где находится общественный сад, будет построен американский небоскреб. Толпа слушает и, видимо, соглашается. Петров записывает что-то у себя в записной книжечке. Из толпы выделяется человек среднего роста и спрашивает Петрова, что он записал у себя в записной книжечке. Петров отвечает, что это касается только его самого. Человек среднего роста наседает. Слово за слово, и начинается распря. Толпа принимает сторону человека среднего роста, и Петров, спасая свою жизнь, погоняет коня и скрывается за поворотом. Толпа волнуется и, за неимением другой жертвы, хватает человека среднего роста и отрывает ему голову. Оторванная голова катится по мостовой и застревает в люке для водостока. Толпа, удовлетворив свои страсти, – расходится.

18 Lynchjustiz

Petrow steigt aufs Pferd und hält, an die Menge
gewandt, eine Rede, darüber, was wäre, wenn an der
Stelle, wo sich der öffentliche Park befindet, ein
amerikanischer Wolkenkratzer errichtet würde. Die
Menge hört zu und ist sichtlich seiner Meinung.
Petrow notiert sich etwas in seinem Notizbuch. Da
löst sich aus der Menge ein mittelgroßer Mann und
fragt Petrow, was er in sein Notizbuch geschrieben
habe. Petrow antwortet, daß dies nur ihn allein etwas
anginge. Der mittelgroße Mann läßt nicht locker. Ein
Wort gibt das andere, und es entsteht ein Streit.
Die Menge ergreift für den mittelgroßen Mann Partei,
und Petrow gibt, um sein Leben zu retten, seinem
Pferd die Sporen und verschwindet um die Ecke. Die
Menge ist erregt, und in Ermangelung eines anderen
Opfers greift sie sich den mittelgroßen Mann und
reißt ihm den Kopf ab. Der abgerissene Kopf rollt
über die Straße und bleibt in einem Gully hängen. Die
Menge hat ihre Leidenschaft befriedigt und verläuft
sich.

19 Встреча

Вот однажды один человек пошел на службу, да по дороге встретил другого человека, который, купив польский батон, направлялся к себе восвояси.

Вот, собственно, и все.

19 Begegnung

Da ging einmal ein Mann ins Büro und traf unterwegs einen anderen Mann, der soeben ein polnisches Weißbrot gekauft hatte und sich auf dem Heimweg befand.
Das ist eigentlich alles.

На сцену выходит Петраков-Горбунов, хочет что-то сказать, но икает. Его начинает рвать. Он уходит.

Выходит Притыкин.

ПРИТЫКИН. Уважаемый Петраков-Горбунов должен сооб… *(Его рвет, и он убегает.)*

Выходит Макаров.

МАКАРОВ. Егор… *(Макарова рвет. Он убегает.)*

Выходит Серпухов.

СЕРПУХОВ. Чтобы не быть… *(Его рвет, он убегает.)*

Выходит Курова.

КУРОВА. Я была бы… *(Ее рвет, она убегает.)*

Выходит маленькая девочка.

МАЛЕНЬКАЯ ДЕВОЧКА. Папа просил передать вам всем, что театр закрывается. Нас всех тошнит!

Занавес.

20 Eine mißglückte Vorstellung

Auf die Bühne kommt Petrakow-Gorbunow, will etwas sagen, bekommt aber den Schluckauf. Er fängt an, sich zu übergeben. Er geht ab.

Auf die Bühne kommt Pritykin.

Pritykin. Der sehr verehrte Petrakow-Gorbunow sollte Sie davon unterrich... *(Er übergibt sich und läuft davon.)*

Auf die Bühne kommt Makarow.

Makarow. Jegor ... *(Makarow übergibt sich. Er läuft davon.)*

Auf die Bühne kommt Serpuchow.

Serpuchow. Um nicht ... *(Er übergibt sich und läuft davon.)*

Auf die Bühne kommt die Kurowa.

Kurowa. Ich möchte ... *(Sie übergibt sich und läuft davon.)*

Ein kleines Mädchen kommt auf die Bühne.

Das kleine Mädchen. Von meinem Papa soll ich Ihnen allen ausrichten, daß das Theater geschlossen wird. Uns ist allen schlecht!

Vorhang.

Лето. Письменный стол. Направо дверь. На стене картина. На картине нарисована лошадь, а в зубах у лошади цыган. Ольга Петровна колет дрова. При каждом ударе с носа Ольги Петровны соскакивает пенсне. Евдоким Осипович сидит в креслах и курит.

О л ь г а   П е т р о в н а *ударяет колуном по полену, которое, однако, нисколько не раскалывается.*

Е в д о к и м   О с и п о в и ч. Тюк!

О л ь г а   П е т р о в н а *надевая пенсне, бьет по полену.*

Е в д о к и м   О с и п о в и ч. Тюк!

О л ь г а   П е т р о в н а *надевая пенсне, бьет по полену.*

Е в д о к и м   О с и п о в и ч. Тюк!

О л ь г а   П е т р о в н а *надевая пенсне, бьет по полену.*

Е в д о к и м   О с и п о в и ч. Тюк!

О л ь г а   П е т р о в н а *(надевая пенсне).* Евдоким Осипович! Я вас прошу: не говорите этого слова «тюк».

Е в д о к и м   О с и п о в и ч. Хорошо, хорошо.

О л ь г а   П е т р о в н а *ударяет колуном по полену.*

Е в д о к и м   О с и п о в и ч. Тюк!

О л ь г а   П е т р о в н а *(надевая пенсне).* Евдоким Осипович! Вы обещали мне не говорить этого слова «тюк»!

Е в д о к и м   О с и п о в и ч. Хорошо, хорошо, Ольга Петровна! Больше не буду.

21 Boff!

*Sommer. Ein Schreibtisch. Rechts eine Tür. An der
Wand ein Bild. Auf dem Bild ist ein Pferd dargestellt,
das zwischen den Zähnen einen Zigeuner hält. Olga
Petrowna hackt Holz. Bei jedem Schlag springt ihr
der Zwicker von der Nase. Jewdokim Ossipowitsch
sitzt im Sessel und raucht.*

Olga Petrowna *schlägt mit der Axt auf den Klotz,
der sich jedoch nicht spalten läßt.*

Jewdokim Ossipowitsch. Boff!

Olga Petrowna *setzt den Zwicker auf und schlägt
auf den Klotz.*

Jewdokim Ossipowitsch. Boff!

Olga Petrowna *setzt den Zwicker auf und schlägt
auf den Klotz.*

Jewdokim Ossipowitsch. Boff!

Olga Petrowna *setzt den Zwicker auf und schlägt
auf den Klotz.*

Jewdokim Ossipowitsch. Boff!

Olga Petrowna *(setzt den Zwicker auf).* Jewdokim
Ossipowitsch! Bitte sagen Sie nicht immer dies
»Boff«.

Jewdokim Ossipowitsch. Gut, gut.

Olga Petrowna *schlägt mit der Axt auf den Klotz.*

Jewdokim Ossipowitsch. Boff!

Olga Petrowna *(setzt den Zwicker auf).* Jewdokim
Ossipowitsch! Sie haben mir versprochen, nicht
mehr dies »Boff« zu sagen!

Jewdokim Ossipowitsch. Gut, gut, Olga Petrowna. Ich sag's nicht wieder.

Ольга Петровна *ударяет колуном по полену.*

Евдоким Осипович. Тюк!

Ольга Петровна *(надевая пенсне).* Это безобразие! Взрослый, пожилой человек — и не понимает простой человеческой просьбы!

Евдоким Осипович. Ольга Петровна! Вы можете спокойно продолжать вашу работу. Я больше мешать не буду.

Ольга Петровна. Ну, я прошу вас, я очень прошу вас: дайте мне расколоть хотя бы это полено!

Евдоким Осипович. Колите, конечно, колите!

Ольга Петровна *ударяет колуном по полену.*

Евдоким Осипович. Тюк!

Ольга Петровна роняет колун, открывает рот, но ничего не может сказать.

Евдоким Осипович встает с кресел, оглядывает Ольгу Петровну с головы до ног и медленно уходит. Ольга Петровна стоит неподвижно с открытым ртом и смотрит на удаляющегося Евдокима Осиповича.

Занавес медленно опускается.

Olga Petrowna *schlägt mit der Axt auf den Klotz.*

Jewdokim Ossipowitsch. Boff!

Olga Petrowna *(setzt den Zwicker auf).* Eine Un-
verschämtheit das! Ein erwachsener, älterer Mann,
und versteht nicht die einfachste menschliche Bitte!

Jewdokim Ossipowitsch. Olga Petrowna! Sie
können Ihre Arbeit in Ruhe fortsetzen. Ich werde
Sie nicht mehr stören.

Olga Petrowna. Ich bitte Sie, ich bitte Sie sehr:
lassen Sie mich wenigstens diesen Klotz spalten!

Jewdokim Ossipowitsch. Natürlich, spalten Sie
ihn nur!

Olga Petrowna *schlägt mit der Axt auf den Klotz.*

Jewdokim Ossipowitsch. Boff!

*Olga Petrowna läßt die Axt fallen, sperrt den Mund
auf, kann aber nichts sagen.*

*Jewdokim Ossipowitsch erhebt sich aus dem Sessel,
mustert Olga Petrowna von Kopf bis Fuß und geht
langsam davon. Olga Petrowna steht mit offenem
Mund starr da und blickt dem davongehenden Jewdokim Ossipowitsch nach.*

Langsam fällt der Vorhang.

Коратыгин пришел к Тикакееву и не застал его дома.

А Тикакеев в это время был в магазине и покупал там сахар, мясо и огурцы.

Коратыгин потолкался возле дверей Тикакеева и собрался уже писать записку, вдруг смотрит, идет сам Тикакеев и несет в руках клеенчатую кошелку.

Коратыгин увидал Тикакеева и кричит ему:

– А я вас уже целый час жду!

– Неправда, – говорит Тикакеев, – я всего двадцать пять минут как из дома.

– Ну, уж этого я не знаю, – сказал Коратыгин, – а только я тут уже целый час.

– Не врите! сказал Тикакеев. – Стыдно врать.

– Милостивейший государь! – сказал Коратыгин.

– Потрудитесь выбирать выражения.

– Я считаю... – начал было Тикакеев, но его перебил Коратыгин:

– Если вы считаете... – сказал он, но тут Коратыгина перебил Тикакеев и сказал:

– Сам-то ты хорош!

Эти слова так взбесили Коратыгина, что он зажал пальцем одну ноздрю, а другой ноздрей сморкнулся в Тикакеева.

22 Was es zur Zeit in den Geschäften zu kaufen gibt

Koratygin ging zu Tikakejew und traf ihn nicht zu Hause an.

Tikakejew war zu dieser Zeit in einem Geschäft und kaufte Zucker, Fleisch und Gurken.

Koratygin lungerte eine Weile an Tikakejews Tür herum und wollte schon ein Zettelchen schreiben, da sieht er plötzlich Tikakejew kommen, in der Hand trägt er eine Wachstuchtasche.

Koratygin hat Tikakejew gesehen und ruft ihm entgegen:

»Ich warte schon eine geschlagene Stunde auf Sie!«

»Das ist nicht wahr«, sagt Tikakejew, »ich bin gerade fünfundzwanzig Minuten aus dem Haus.«

»Na, ich weiß nicht«, sagte Koratygin, »jedenfalls stehe ich schon eine ganze Stunde hier.«

»Lügen Sie nicht!« sagte Tikakejew. »Lügen ist eine Schande.«

»Gnädigster Herr!« sagte Koratygin. »Könnten Sie sich vielleicht um eine gewähltere Ausdrucksweise bemühen.«

»Ich meine ...«, begann Tikakejew, doch Koratygin unterbrach ihn:

»Wenn Sie meinen ...«, sagte er, hier aber unterbrach ihn Tikakejew und sagte:

»Du bist mir der Richtige!«

Diese Worte machten Koratygin so rasend, daß er sich mit dem Finger das eine Nasenloch zuhielt und Tikakejew durch das andere anrotzte.

– Тогда Тикакеев выхватил из кошелки самый большой огурец и ударил им Коратыгина по голове.

Коратыгин схватился руками за голову, упал и умер.

Вот какие большие огурцы продают теперь в магазинах!

Darauf nahm Tikakejew die größte Gurke aus der Tasche und schlug sie Koratygin über den Kopf.

Koratygin griff sich an den Kopf, fiel um und starb.

Da sehen Sie, was für große Gurken es zur Zeit in den Geschäften gibt.

Товарищ Кошкин танцевал вокруг товарища Машкина.

Товарищ Машкин следил глазами за товарищем Кошкиным.

Товарищ Кошкин оскорбительно махал руками и противно выворачивал ноги.

Товарищ Машкин нахмурился.

Товарищ Кошкин пошевелил животом и притопнул правой ногой.

Товарищ Машкин вскрикнул и кинулся на товарища Кошкина.

Товарищ Кошкин попробовал убежать, но споткнулся и был настигнут товарищем Машкиным.

Товарищ Машкин ударил кулаком по голове товарища Кошкина.

Товарищ Кошкин вскрикнул и упал на четвереньки.

Товарищ Машкин двинул товарища Кошкина ногой под живот и еще раз ударил его кулаком по затылку.

Товарищ Кошкин растянулся на полу и умер.
    Машкин убил Кошкина.

23 Maschkin hat Koschkin erschlagen

Genosse Koschkin tänzelt um den Genossen Maschkin herum.

Genosse Maschkin folgt dem Genossen Koschkin mit den Augen.

Genosse Koschkin fuchtelt beleidigend mit den Armen und verrenkt widerlich die Beine.

Genosse Maschkin macht ein finsteres Gesicht.

Genosse Koschkin wackelt mit dem Bauch und stampft mit dem rechten Fuß auf.

Genosse Maschkin schreit auf und stürzt sich auf den Genossen Koschkin.

Genosse Koschkin versucht wegzulaufen, stolpert aber und wird vom Genossen Maschkin eingeholt.

Genosse Maschkin schlägt dem Genossen Koschkin mit der Faust auf den Kopf.

Genosse Koschkin schreit auf und fällt auf alle viere.

Genosse Maschkin versetzt dem Genossen Koschkin einen Tritt in den Bauch und schlägt ihm noch einmal mit der Faust ins Genick.

Genosse Koschkin streckt sich auf dem Boden aus und stirbt.

Maschkin hat Koschkin erschlagen.

Марков снял сапоги и, вздохнув, лег на диван. Ему хотелось спать, но, как только он закрывал глаза, желание спать моментально проходило. Марков открывал глаза и тянулся рукой за книгой. Но сон опять налетал на него, и, не дотянувшись до книги, Марков ложился и снова закрывал глаза. Но лишь только глаза закрывались, сон улетал опять, и сознание становилось таким ясным, что Марков мог в уме решать алгебраические задачи на уравнения с двумя неизвестными.

Долго мучился Марков, не зная, что ему делать: спать или бодрствовать? Наконец, измучившись и возненавидев самого себя и свою комнату, Марков надел пальто и шляпу, взял в руку трость и вышел на улицу. Свежий ветерок успокоил Маркова, ему стало радостнее на душе и захотелось вернуться обратно к себе в комнату.

Войдя в свою комнату, он почувствовал в теле приятную усталость и захотел спать. Но только он лег на диван и закрыл глаза, — сон моментально испарился.

С бешенством вскочил Марков с дивана и, без шапки и без пальто, помчался по направлению к Таврическому саду.

24 Der Schlaf narrt einen Menschen

Markow zog die Stiefel aus und legte sich mit einem Seufzer aufs Sofa.

Er wollte schlafen, doch kaum hatte er die Augen geschlossen, war der Wunsch zu schlafen auch schon verflogen. Markow öffnete die Augen und griff mit der Hand nach einem Buch. Aber da kam der Schlaf wieder über ihn, und ohne das Buch erreicht zu haben, streckte er sich aus und schloß von neuem die Augen. Doch kaum hatte er die Augen geschlossen, floh ihn der Schlaf wieder, und sein Bewußtsein wurde so klar, daß er im Kopf algebraische Gleichungen mit zwei Unbekannten lösen konnte.

Lange quälte sich Markow und wußte nicht, was er tun sollte: schlafen oder wachen? Schließlich, ganz verquält und voll Haß auf sich selbst und sein Zimmer, zog er den Mantel an, setzte den Hut auf, nahm den Spazierstock in die Hand und ging auf die Straße hinaus. Ein frisches Lüftchen beruhigte ihn, es wurde ihm leichter ums Herz, und es verlangte ihn in sein Zimmer zurück.

Als er sein Zimmer betrat, verspürte er im ganzen Körper eine angenehme Müdigkeit, und er bekam Lust zu schlafen. Doch kaum hatte er sich aufs Sofa gelegt und die Augen geschlossen, verflüchtigte sich der Schlaf augenblicklich.

Wütend sprang Markow vom Sofa auf und rannte, ohne Hut und Mantel, in Richtung Taurischer Garten.

На охоту поехало шесть человек, а вернулось-то только четыре.

Двое-то не вернулись.

Окнов, Козлов, Стрючков и Мотыльков благополучно вернулись домой, а Широков и Каблуков погибли на охоте.

Окнов целый день ходил потом расстроенный и даже не хотел ни с кем разговаривать. Козлов неотступно ходил следом за Окновым и приставал к нему с различными вопросами, чем и довел Окнова до высшей точки раздражения.

К о з л о в. Хочешь закурить?

О к н о в. Нет.

К о з л о в. Хочешь, я тебе принесу вон ту вон штуку?

О к н о в. Нет.

К о з л о в. Может быть, хочешь, я тебе расскажу что-нибудь смешное?

О к н о в. Нет.

К о з л о в. Ну, хочешь пить? У меня вот тут вот есть чай с коньяком.

О к н о в. Мало того, что я тебя сейчас этим камнем по затылку ударил, я тебе еще оторву ногу.

С т р ю ч к о в и М о т ы л ь к о в. Что вы делаете? Что вы делаете?

К о з л о в. Приподнимите меня с земли.

М о т ы л ь к о в. Ты не волнуйся, рана заживет.

К о з л о в. А где Окнов?

25 Jäger

Sechs Männer waren zur Jagd ausgeritten, zurück aber kamen nur vier.

Zwei kehrten nicht zurück.

Oknow, Koslow, Strjutschkow und Motylkow kehrten wohlbehalten nach Hause zurück, Schirokow und Kablukow waren auf der Jagd ums Leben gekommen.

Oknow ging danach den ganzen Tag niedergeschlagen umher und wollte mit niemandem reden. Koslow wich Oknow nicht von den Fersen und belästigte ihn mit verschiedenen Fragen, womit er Oknow zur Raserei brachte.

K o s l o w. Möchtest du rauchen?

O k n o w. Nein.

K o s l o w. Soll ich dir etwas bringen?

O k n o w. Nein.

K o s l o w. Oder soll ich dir vielleicht etwas Lustiges erzählen?

O k n o w. Nein.

K o s l o w. Willst du nicht etwas trinken? Ich habe Tee mit Kognak da.

O k n o w. Es reicht nicht, daß ich dir jetzt mit diesem Stein eins über den Schädel gebe, ich reiß dir auch noch ein Bein aus.

S t r j u t s c h k o w u n d M o t y l k o w. Was tut ihr? Was tut ihr?

K o s l o w. Hebt mich von der Erde auf.

M o t y l k o w. Beruhige dich, die Wunde wird schon verheilen.

K o s l o w. Und wo ist Oknow?

О к н о в (*отрывая Козлову ногу*). Я тут, недалеко!

К о з л о в. Ох, матушки! Спа-па-си!

С т р ю ч к о в и М о т ы л ь к о в. Никак он ему и ногу оторвал!

О к н о в. Оторвал и бросил ее вон туда!

С т р ю ч к о в. Это злодейство!

О к н о в. Что-о?

С т р ю ч к о в. ...ейство...

О к н о в. Ка-а-ак?

С т р ю ч к о в. Нь...нь...нь...никак.

К о з л о в. Как же я дойду до дома?

М о т ы л ь к о в. Не беспокойся, мы тебе приделаем деревяшку.

С т р ю ч к о в. Ты на одной ноге стоять можешь?

К о з л о в. Могу, но не очень-то.

С т р ю ч к о в. Ну мы тебя поддержим.

О к н о в. Пустите меня к нему!

С т р ю ч к о в. Ой нет, лучше уходи!

О к н о в. Нет, пустите!.. Пустите!.. Пусти... Вот что я хотел сделать!

С т р ю ч к о в и М о т ы л ь к о в. Какой ужас!

О к н о в. Ха-ха-ха!

М о т ы л ь к о в. А где же Козлов?

С т р ю ч к о в. Он уполз в кусты!

М о т ы л ь к о в. Козлов, ты тут?

К о з л о в. Шаша!

М о т ы л ь к о в. Вот ведь до чего дошел!

С т р ю ч к о в. Что же с ним делать?

М о т ы л ь к о в. А тут уж ничего с ним не поделаешь. По-моему, его надо просто удавить. Козлов! А, Козлов? Ты меня слышишь?

Oknow *(reißt Koslow ein Bein aus).* Hier bin ich, ganz in der Nähe!

Koslow. O Gott! Hi-i-lfe!

Strjutschkow und Motylkow. Er hat ihm doch nicht etwa ein Bein ausgerissen?

Oknow. Doch, ausgerissen und da hingeworfen!

Strjutschkow. Das ist ein Verbrechen!

Oknow. Wa-as?

Strjutschkow. ...brechen...

Oknow. Wi-i-ie?

Strjutschkow. N...n...n...nichts.

Koslow. Wie komme ich nun nach Hause?

Motylkow. Keine Sorge, wir machen dir ein Holzbein.

Strjutschkow. Kannst du auf dem einen Bein stehen?

Koslow. Ja, aber nicht besonders gut.

Strjutschkow. Dann stützen wir dich.

Oknow. Laßt mich zu ihm!

Strjutschkow. O nein, geh lieber weg!

Oknow. Nein, laßt mich! ... Laßt mich! ... Laß ... Da, das wollte ich tun!

Strjutschkow und Motylkow. Wie entsetzlich!

Oknow. Ha-ha-ha!

Motylkow. Und wo ist Koslow?

Strjutschkow. Er ist ins Gebüsch gekrochen!

Motylkow. Koslow, bist du da?

Koslow. Schascha!

Motylkow. So weit ist's mit ihm gekommen!

Strjutschkow. Was sollen wir mit ihm machen?

Motylkow. Mit dem ist nichts mehr zu machen. Meine Meinung ist: Man sollte ihn einfach erwürgen. Koslow! He, Koslow! Hörst du mich?

Козлов. Ох, слышу, да плохо.

Мотыльков. Ты, брат, не горюй. Мы сейчас тебя удавим. Постой!.. Вот... вот... вот...

Стрючков. Вот сюда вот еще! Так, так, так! Ну-ка еще... Ну, теперь готово!

Мотыльков. Теперь готово!

Окнов. Господи благослови!

Koslow. Oh, ja, aber schlecht.

Motylkow. Sei nicht traurig, Freund. Wir erwürgen dich gleich. Warte! ... So ... so ... so ...

Strjutschkow. Hier nochmal! Ja, ja, ja! Noch ein bißchen... So, erledigt!

Motylkow. Erledigt!

Oknow. O Herr, gib deinen Segen!

26 Исторический эпизод

В. Н. Петрову

Иван Иванович Сусанин (то самое историческое лицо, которое положило свою жизнь за царя и впоследствии было воспето оперой Глинки) зашел однажды в русскую харчевню и, сев за стол, потребовал себе антрекот. Пока хозяин харчевни жарил антрекот, Иван Иванович закусил свою бороду зубами и задумался; такая у него была привычка.

Прошло тридцать пять колов времени, и хозяин принес Ивану Ивановичу антрекот на круглой деревянной дощечке. Иван Иванович был голоден и, по обычаю того времени, схватил антрекот руками и начал его есть. Но, торопясь утолить свой голод, Иван Иванович так жадно набросился на антрекот, что забыл вынуть изо рта свою бороду и съел антрекот с куском своей бороды.

Вот тут-то и произошла неприятность, так как не прошло и пятнадцати колов времени, как в животе у Ивана Ивановича начались сильные рези. Иван Иванович вскочил из-за стола и ринулся на двор. Хозяин крикнул было Ивану Ивановичу: «Зри, како твоя борода клочна». Но Иван Иванович, не обращая ни на что внимания, выбежал во двор.

Тогда боярин Ковшегуб, сидящий в углу харчевни и пьющий сусло, ударил кулаком по столу и вскричал: «Кто есть сей?» А хозяин, низко кла-

26 Eine historische Episode

Für W. N. Petrow

Iwan Iwanowitsch Sussanin (eben jene historische Persönlichkeit, die ihr Leben für den Zaren hingab und später in der Oper Glinkas besungen wurde) kam eines Tages in ein russisches Wirtshaus, setzte sich an einen Tisch und bestellte ein Entrecôte. Während der Gastwirt das Entrecôte briet, kaute Iwan Iwanowitsch an seinem Bart und verfiel in Gedanken; das war so seine Gewohnheit.

Fünfunddreißig Zeitkreise vergingen, und der Wirt brachte Iwan Iwanowitsch das Entrecôte auf einem runden Holzbrett. Iwan Iwanowitsch war hungrig, und so nahm er, wie es damals üblich war, das Entrecôte in die Hände und begann zu essen. Doch weil es ihm so pressierte, seinen Hunger zu stillen, machte er sich mit einer solchen Gier über das Entrecôte her, daß er vergaß, seinen Bart aus dem Mund zu nehmen, so daß er das Entrecôte zusammen mit einem Stück seines Bartes aß.

Und so kam es zu jener Unannehmlichkeit. Denn kaum waren fünfzehn Zeitkreise vergangen, da bekam Iwan Iwanowitsch schlimmes Bauchgrimmen. Iwan Iwanowitsch sprang auf und stürzte hinaus. Der Wirt rief ihm noch nach: »Sieh mal, dein Bart ist ganz zerfetzt!« Aber Iwan Iwanowitsch nahm nichts mehr wahr und rannte hinaus auf den Hof.

Da schlug der Bojar Kowschegub, der in einer Ecke des Wirtshauses saß und Most trank, mit der Faust auf den Tisch und rief: »Wer ist dieser Mann?« Der

няясь, ответил боярину: «Сие есть наш патриот Иван Иванович Сусанин». – «Во как!» – сказал боярин, допивая свое сусло.

«Не угодно ли рыбки?» – спросил хозяин. «Пошел ты к бую!» – крикнул боярин и пустил в хозяина ковшом. Ковш просвистел возле хозяйской головы, вылетел через окно на двор и хватил по зубам сидящего орлом Ивана Ивановича. Иван Иванович схватился рукой за щеку и повалился на бок.

Тут справа из сарая выбежал Карп и, перепрыгнув через корыто, в котором среди помоев лежала свинья, с криком побежал к воротам. Из харчевни выглянул хозяин. «Чего ты орешь?» – спросил он Карпа. Но Карп, ничего не отвечая, убежал.

Хозяин вышел на двор и увидел Сусанина, лежащего неподвижно на земле. Хозяин подошел поближе и заглянул ему в лицо. Сусанин пристально глядел на хозяина. «Так ты жив?» – спросил хозяин. «Жив, да тилько страшусь, что меня еще чем-нибудь ударят», – сказал Сусанин. «Нет, – сказал хозяин, – не страшись. Это тебя боярин Ковшегуб чуть не убил, а теперь он ушедши». – «Ну слава тебе, Боже! – сказал Иван Сусанин, поднимаясь с земли. – Я человек храбрый, да тилько зря живот покладать не люблю. Вот я приник к земле и ждал: чего дальше будет? Чуть что, я бы на животе до самой Елдыриной слободы бы уполз… Евона как щеку разнесло. Батюшки! Полбороды отхватило!» – «Это у тебя

Wirt verneigte sich tief vor dem Bojaren und antwortete: »Dieser Herr ist unser Patriot Iwan Iwanowitsch Sussanin.« — »Aha!« sagte der Bojar und trank seinen Most zu Ende.

»Etwas Fisch gefällig?« fragte der Wirt. »Pack dich!« rief der Bojar und warf dem Wirt den Schöpflöffel nach. Der Schöpflöffel pfiff am Kopf des Wirts vorbei, flog durchs Fenster auf den Hof und schlug dem dort wie ein Adler hockenden Iwan Iwanowitsch direkt in die Zähne. Iwan Iwanowitsch griff sich mit der Hand an die Wange und kippte zur Seite.

Da kam von rechts Karp aus der Scheune, sprang über einen Trog, in dem sich ein Schwein suhlte, und lief schreiend zum Hoftor. Der Wirt schaute aus dem Wirtshaus. »Was brüllst du da herum?« fragte er Karp. Aber Karp lief wortlos davon.

Der Wirt ging auf den Hof und sah Sussanin reglos auf der Erde liegen. Der Wirt trat zu ihm und blickte ihm ins Gesicht. Sussanin sah den Wirt durchdringend an. »Du lebst also?« fragte der Wirt. »Ja, nur fürchte ich, daß man mir noch einmal etwas an den Kopf wirft«, sagte Sussanin. »Nein«, sagte der Wirt, »das brauchst du nicht zu befürchten. Der Bojar Kowschegub hätte dich zwar fast erschlagen, aber jetzt ist er heimgegangen.« — »Dem Herrn sei Lob und Dank!« sagte Iwan Sussanin und erhob sich von der Erde. »Ich bin ein tapferer Mann, doch für nichts und wieder nichts möchte ich meinen Bauch auch nicht hinhalten. Deshalb habe ich mich hier auf den Boden gelegt und gewartet, was geschehen würde. Noch was, und ich wäre auf dem Bauch bis nach Jeldyrina Sloboda gerobbt... Seht nur, wie geschwollen meine Backe ist. Ach, du meine Güte! Der halbe Bart ist

еще и раньше так было», – сказал хозяин. «Как это так раньше? – вскричал патриот Сусанин. – Что же, по-твоему, я так с клочной бородой ходил?» – «Ходил», сказал хозяин. «Ах ты, мяфа», – проговорил Иван Сусанин. Хозяин зажмурил глаза и, размахнувшись, со всего маху звездунул Сусанина по уху. Патриот Сусанин рухнул на землю и замер. «Вот тебе! сам ты мяфа!» – сказал хозяин и удалился в харчевню.

Несколько колов времени Сусанин лежал на земле и прислушивался, но, не слыша ничего подозрительного, осторожно приподнял голову и осмотрелся. На дворе никого не было, если не считать свиньи, которая, вывалившись из корыта, валялась теперь в грязной луже. Иван Сусанин, озираясь, подобрался к воротам. Ворота, по счастью, были открыты, и патриот Иван Сусанин, извиваясь по земле как червь, пополз по направлению к Елдыриной слободе.

Вот эпизод из жизни знаменитого исторического лица, которое положило свою жизнь за царя и было впоследствии воспето в опере Глинки.

ab!« — »Das war er vorher schon«, sagte der Wirt. »Wieso vorher schon?« rief der Patriot Sussanin. »Willst du damit sagen, ich wär' mit so einem zerfetzten Bart herumgelaufen?« — »Bist du«, sagte der Wirt. »Ach, du Sauhund«, stieß Iwan Sussanin hervor. Der Wirt kniff die Augen zusammen, holte aus und verpaßte Sussanin eine gewaltige Maulschelle. Der Patriot Sussanin stürzte zu Boden und blieb wie tot liegen. »Da hast du's! Selber ein Sauhund!« sagte der Wirt und entfernte sich in sein Wirtshaus.

Sussanin lag einige Zeitkreise lang auf der Erde und horchte; aber als er nichts Verdächtiges vernahm, hob er vorsichtig den Kopf und schaute sich um. Auf dem Hof war niemand, wenn man das Schwein außer acht ließ, das unterdessen aus dem Trog gefallen war und sich in einer Drecklache suhlte. Sich ständig umblickend, schleppte sich Iwan Sussanin zum Tor. Das Tor stand zum Glück offen, und der Patriot Iwan Sussanin kroch, sich wie ein Wurm am Boden windend, in Richtung Jeldyrina Sloboda.

Soweit diese Episode aus dem Leben der bekannten historischen Persönlichkeit, die ihr Leben für den Zaren hingab und später in der Oper Glinkas besungen wurde.

Федя долго подкрадывался к масленке и наконец, улучив момент, когда жена нагнулась, чтобы
состричь на ноге ноготь, быстро, одним движе-
нием вынул пальцем из масленки все масло и
сунул его себе в рот. Закрывая масленку, Федя
нечаянно звякнул крышкой. Жена сейчас же
выпрямилась и, увидя пустую масленку, указала
на нее ножницами и строго сказала:

— Масла в масленке нет. Где оно?

Федя сделал удивленные глаза и, вытянув шею,
заглянул в масленку.

— Это масло у тебя во рту, — сказала жена,
показывая ножницами на Федю.

Федя отрицательно замотал головой.

— Ага, — сказала жена. — Ты молчишь и мотаешь
головой, потому что у тебя рот набит маслом.

Федя вытаращил глаза и замахал на жену руками, как бы говоря: «Что ты, что ты, ничего
подобного!» Но жена сказала:

— Ты врешь, открой рот.

— Мм, — сказал Федя.

— Открой рот, — повторила жена.

Федя растопырил пальцы и замычал, как бы
говоря: «Ах да, совсем было забыл; сейчас
приду», — и встал, собираясь выйти из комнаты.

— Стой, — крикнула жена.

27 Fedja Dawidowitsch

Lange hatte sich Fedja an die Butterdose heran-
geschlichen, und als seine Frau sich bückte, um sich
die Zehennägel zu schneiden, nützte er den günstigen
Augenblick: rasch, mit einer einzigen Bewegung,
holte er mit dem Finger die ganze Butter aus der
Butterdose und steckte sie sich in den Mund. Beim
Zumachen der Butterdose klirrte Fedja versehentlich
mit dem Deckel. Sofort richtete seine Frau sich auf,
und als sie die leere Butterdose sah, zeigte sie mit
der Nagelschere darauf und sagte streng:

»Die Butter ist nicht in der Dose. Wo ist sie?«
Fedja machte erstaunte Augen, reckte den Hals und
blickte in die Butterdose.

»Du hast die Butter im Mund«, sagte seine Frau und
zeigte mit der Nagelschere auf Fedja.
Fedja schüttelte den Kopf.

»Aha«, sagte seine Frau. »Du schweigst und schüttelst
den Kopf, weil du den Mund voll Butter hast.«
Fedja riß die Augen auf und winkte mit der Hand zu
seiner Frau hin ab, als wollte er sagen: ›Wo denkst
du hin, wo denkst du hin, nichts dergleichen!‹ Aber
seine Frau sagte:

»Du lügst. Mach den Mund auf.«
»Mm«, machte Fedja.
»Mach den Mund auf«, wiederholte seine Frau.
Fedja spreizte die Finger und grunzte, als wollte er
sagen: ›Ach ja, das hätte ich fast vergessen; bin gleich
zurück‹, stand auf und wollte aus dem Zimmer
gehen.

»Halt!« rief seine Frau.

Но Федя прибавил шагу и скрылся за дверью. Жена кинулась за ним, но около двери остановилась, так как была голой и в таком виде не могла выйти в коридор, где ходили другие жильцы этой квартиры.

– Ушел, – сказала жена, садясь на диван. – Вот черт!

А Федя, дойдя по коридору до двери, на которой висела надпись: «Вход категорически воспрещен», открыл эту дверь и вошел в комнату.

Комната, в которую вошел Федя, была узкой и длинной, с окном, занавешенным газетной бумагой. В комнате справа у стены стояла грязная ломаная кушетка, а у окна стол, который был сделан из доски, положенной одним концом на ночной столик, а другим на спинку стула. На стене слева висела двойная полка, на которой лежало неопределенно что. Больше в комнате ничего не было, если не считать лежащего на кушетке человека с бледно-зеленым лицом, одетого в длинный и рваный коричневый сюртук и в черные нанковые штаны, из которых торчали чисто вымытые босые ноги. Человек этот не спал и пристально смотрел на вошедшего.

Федя наклонился, шаркнул ножкой и, вынув пальцем изо рта масло, показал его лежащему человеку.

– Полтора, – сказал хозяин комнаты, не меняя позы.

– Маловато, – сказал Федя.

– Хватит, – сказал хозяин комнаты.

Aber Fedja beschleunigte den Schritt und verschwand hinter der Tür. Seine Frau sprang ihm nach, blieb an der Tür aber stehen, weil sie nackt war und in diesem Zustand nicht auf den Korridor konnte, über den andere Mieter dieser Wohnung gingen.

»Weg ist er«, sagte sie und setzte sich aufs Sofa. »Verdammter Kerl!«

Unterdessen gelangte Fedja auf dem Korridor zu einer Tür, auf der geschrieben stand: *Eintritt streng verboten,* öffnete diese Tür und trat ein.

Das Zimmer, das Fedja betrat, war schmal und lang und das Fenster mit Zeitungspapier verhängt. An der Wand rechts stand eine schmutzige, durchgesessene Couch, und am Fenster ein Tisch, der aus einem Brett bestand, das mit dem einen Ende auf dem Nachttisch, mit dem andern auf der Stuhllehne lag. An der Wand links hing ein Regal mit zwei Fächern, in denen sich undefinierbare Dinge befanden. Sonst war nichts in dem Zimmer, wenn man nicht den Mann dazurechnet, der mit blaß-grünem Gesicht auf der Couch lag und in einer langen und zerrissenen zimtbraunen Jacke und schwarzen Nankinghosen steckte, aus denen sauber gewaschene bloße Füße ragten. Dieser Mann schlief nicht und blickte den Eintretenden durchdringend an.

Fedja verbeugte sich, machte einen Kratzfuß, holte mit dem Finger die Butter aus dem Mund und zeigte sie dem liegenden Mann.

»Anderthalb«, sagte der Zimmerinhaber, ohne seine Lage zu verändern.

»Zu wenig«, sagte Fedja.

»Genügt«, sagte der Zimmerinhaber.

– Ну, ладно, – сказал Федя и, сняв масло с пальца, положил его на полку.

– За деньгами придешь завтра утром, – сказал хозяин.

– Ой, что вы! – вскричал Федя. – Мне ведь их сейчас нужно. И ведь полтора рубля всего...

– Пошел вон, – сухо сказал хозяин, и Федя на цыпочках выбежал из комнаты, аккуратно прикрыв за собой дверь.

»Also gut«, sagte Fedja, streifte die Butter vom Finger und legte sie ins Regal.

»Das Geld kannst du dir morgen früh holen«, sagte der Zimmerinhaber.

»Ja wie!« rief Fedja. »Ich brauch's gleich. Und überhaupt, anderthalb Rubel bloß...«

»Raus mit dir«, sagte der Zimmerinhaber trocken, und Fedja lief auf Zehenspitzen aus dem Zimmer, wobei er sorgfältig die Tür hinter sich schloß.

1

Пушкин был поэтом и все что-то писал. Однажды Жуковский застал его за писанием и громко воскликнул:

– Да никако ты писака!

С тех пор Пушкин очень полюбил Жуковского и стал называть его по-приятельски просто Жуковым.

2

Как известно, у Пушкина никогда не росла борода. Пушкин очень этим мучился и всегда завидовал Захарьину, у которого, наоборот, борода росла вполне прилично. «У него растет, а у меня не растет», – частенько говаривал Пушкин, показывая ногтями на Захарьина. И всегда был прав.

3

Однажды Петрушевский сломал свои часы и послал за Пушкиным. Пушкин пришел, осмотрел часы Петрушевского и положил их обратно на стул. «Что скажешь, брат Пушкин?» – спросил Петрушевский. «Стоп машина», – сказал Пушкин.

4

Когда Пушкин сломал себе ноги, то стал передвигаться на колесах. Друзья любили дразнить Пушкина и хватали его за эти колеса. Пушкин злился и писал про друзей ругательные стихи. Эти стихи он называл «эрпигармами».

1

Puschkin war ein Dichter und hat immer irgend etwas geschrieben. Einmal traf Shukowskij ihn beim Schreiben und rief laut:

»Aber du bist doch kein Schreiber!«

Da gewann Puschkin Shukowskij lieb und nannte ihn von nun an freundschaftlich einfach Shuk.

2

Bekanntlich ist Puschkin nie ein Bart gewachsen. Darunter litt er sehr und beneidete immer Sacharin, dem, im Gegensatz zu ihm, ein gehöriger Bart wuchs. »Ihm wächst er, und mir wächst er nicht«, sagte Puschkin oft und zeigte mit dem Finger auf Sacharin. Und immer hatte er recht.

3

Eines Tages hatte Petruschewskij seine Uhr zerschlagen und ließ Puschkin kommen. Puschkin kam, untersuchte Petruschewskijs Uhr und legte sie auf den Stuhl zurück. »Was sagst du dazu, Bruder Puschkin?« fragte Petruschewskij. »Maschin kaputt«, sagte Puschkin.

4

Als Puschkin sich beide Beine gebrochen hatte, mußte er sich auf Rädern fortbewegen. Seine Freunde, die ihn gern neckten, hielten ihn an den Rädern fest. Puschkin wurde böse und schrieb Spottgedichte auf seine Freunde. Diese Verse nannte er »Erpigarme«.

5

Лето 1829 года Пушкин провел в деревне. Он вставал рано утром, выпивал жбан парного молока и бежал к реке купаться. Выкупавшись в реке, Пушкин ложился на траву и спал до обеда. После обеда Пушкин спал в гамаке. При встрече с вонючими мужиками Пушкин кивал им головой и зажимал пальцами свой нос. А вонючие мужики ломали свои шапки и говорили: «Это ничаво».

6

Пушкин любил кидаться камнями. Как увидит камни, так и начнет ими кидаться. Иногда так разойдется, что стоит весь красный, руками машет, камнями кидается, просто ужас!

7

У Пушкина было четыре сына, и все идиоты. Один не умел даже сидеть на стуле и все время падал. Пушкин-то и сам довольно плохо сидел на стуле. Бывало, сплошная умора: сидят они за столом; на одном конце Пушкин все время со стула падает, а на другом конце — его сын. Просто хоть святых вон выноси!

5

Den Sommer des Jahres 1829 verbrachte Puschkin auf dem Lande. Er stand früh auf, trank einen Krug kuhwarmer Milch und lief zum Fluß, um zu baden. Nachdem er im Fluß gebadet hatte, legte sich Puschkin ins Gras und schlief bis zum Mittagessen. Nach dem Mittagessen schlief er in der Hängematte. Begegnete er stinkenden Bauern, nickte Puschkin ihnen zu und hielt sich mit den Fingern die Nase zu. Die stinkenden Bauern aber verneigten sich bis zur Erde und sagten: »Macht nix!«

6

Puschkin warf gern mit Steinen. Kaum sah er Steine, gleich fing er an zu werfen. Manchmal kam er so in Fahrt, daß er dastand, ganz rot im Gesicht, die Arme kreisen ließ und mit Steinen warf — einfach schlimm!

7

Puschkin hatte vier Söhne, und alle waren Idioten. Einer konnte nicht einmal richtig auf dem Stuhl sitzen und fiel ständig herunter. Puschkin selbst hatte aber auch Schwierigkeiten, auf einem Stuhl zu sitzen. So gab's manchmal die folgende verrückte Szene: sie sitzen am Tisch, und am einen Ende fällt andauernd Puschkin vom Stuhl und am andern Ende sein Sohn. Du kriegst die Motten!

29 Начало очень хорошего летнего дня

Симфония

Чуть только прокричал петух, Тимофей выскочил из окошка на крышу и напугал всех, кто проходил в это время по улице. Крестьянин Харитон остановился, поднял камень и пустил им в Тимофея. Тимофей куда-то исчез. «Вот ловкач!» – закричало человеческое стадо, и некто Зубов разбежался и со всего маху двинулся головой об стену. «Эх!» – вскрикнула баба с флюсом. Но Комаров сделал этой бабе тепель-тапель, и баба с воем убежала в подворотню. Мимо шел Фетелюшин и посмеялся. К нему подошел Комаров и сказал: «Эй ты, сало!» – и ударил Фетелюшина по животу. Фетелюшин прислонился к стене и начал икать. Ромашкин плевался сверху из окна, стараясь попасть в Фетелюшина. Тут же невдалеке носатая баба била корытом своего ребенка. А молодая, толстенькая мать терла хорошенькую девочку лицом о кирпичную стену. Маленькая собачка, сломав свою тоненькую ножку, валялась на панели. Маленький мальчик ел из плевательницы какую-то гадость. У бакалейного магазина стояла длинная очередь за сахаром. Бабы громко ругались и толкали друг друга кошелками. Крестьянин Харитон, напившись денатурату, стоял перед бабами с расстегнутыми штанами и произносил нехорошие слова.
Таким образом начинался хороший летний день.

29 Beginn eines sehr schönen Sommertages

Eine Symphonie

Kaum hatte der Hahn gekräht, schlüpfte Timofej durch die Dachluke und erschreckte alle, die zu dieser Zeit auf der Straße gingen. Der Bauer Chariton blieb stehen, hob einen Stein auf und warf ihn nach Timofej. Timofej verschwand. »So ein gerissener Hund!« rief die Menschenherde, und ein gewisser Subow nahm einen Anlauf und rammte mit voller Wucht seinen Kopf gegen eine Mauer. »Ach!« schrie ein Weib mit einem Zahngeschwür. Aber Komarow ›legte kurz Hand an‹, so daß das Weib heulend in einen Torweg floh. Feteljuschin kam vorbei und lachte. Komarow ging auf ihn zu, sagte: »He, du dickes Schwein!« und haute Feteljuschin in den Bauch. Feteljuschin lehnte sich gegen die Mauer und bekam den Schluckauf. Romaschkin spuckte von oben aus dem Fenster und wollte Feteljuschin treffen. Gleichzeitig prügelte ein dicknasiges Weib sein Kind mit einem Trog. Und eine junge dickliche Mutter wischte mit dem Gesicht ihres niedlichen Töchterchens über eine Ziegelwand. Ein kleines Hündchen hatte sich sein dünnes Beinchen gebrochen und wälzte sich auf dem Gehsteig. Ein kleiner Junge aß aus dem Spucknapf allerlei Unrat. Vor dem Lebensmittelladen stand eine lange Schlange nach Zucker an. Die Weiber schimpften laut und knufften sich mit ihren Geldbeuteln. Der Bauer Chariton, der sich mit Denaturiertem betrunken hatte, stand mit offenem Hosenladen vor den Weibern und gab unanständige Wörter von sich.
So begann ein sehr schöner Sommertag.

– Ну ты, не очень-то фрякай! – сказал Пакин Ракукину.

Ракукин сморщил нос и недоброжелательно посмотрел на Пакина.

– Что глядишь? Не узнал? – спросил Пакин.

Ракукин пожевал губами и, с возмущением повернувшись на своем вертящемся кресле, стал смотреть в другую сторону. Пакин побарабанил пальцами по своему колену и сказал:

– Вот дурак! Хорошо бы его по затылку палкой хлопнуть.

Ракукин встал и пошел из комнаты, но Пакин быстро вскочил, догнал Ракукина и сказал:

– Постой! Куда помчался? Лучше сядь, и я тебе покажу кое-что.

Ракукин остановился и недоверчиво посмотрел на Пакина.

– Что, не веришь? – спросил Пакин.

– Верю, – сказал Ракукин.

– Тогда садись вот сюда, в это кресло, – сказал Пакин.

И Ракукин сел обратно в свое вертящееся кресло.

– Ну вот, – сказал Пакин, – чего сидишь в кресле как дурак?

Ракукин подвигал ногами и быстро замигал глазами.

– Не мигай, – сказал Пакин.

Ракукин перестал мигать глазами и, сгорбившись, втянул голову в плечи.

»He, laß die Sperenzchen!« sagte Pakin zu Rakukin.

Rakukin zog die Nase kraus und schaute feindselig auf Pakin.

»Was glotzt du mich so an? Erkennst du mich nicht?« fragte Pakin.

Rakukin kaute auf den Lippen, drehte sich entrüstet auf seinem Drehsessel und blickte in die andere Richtung. Pakin trommelte mit den Fingern auf seinem Knie und sagte:

»So ein Idiot! Dem müßte man mit dem Stock eins ins Genick geben!«

Rakukin erhob sich und ging aus dem Zimmer, aber Pakin sprang rasch auf, holte Rakukin ein und sagte:

»Halt! Wohin so eilig? Setz dich lieber hin, ich zeig dir was.«

Rakukin blieb stehen und sah Pakin mißtrauisch an.

»Wie, du glaubst mir nicht?« fragte Pakin.

»Doch«, sagte Rakukin.

»Dann setz dich hierher, in diesen Sessel«, sagte Pakin.

Und Rakukin setzte sich wieder in seinen Drehsessel.

»So«, sagte Pakin, »aber wieso sitzt du wie ein Idiot im Sessel?«

Rakukin machte eine Bewegung mit den Füßen und begann heftig mit den Augen zu zwinkern.

»Zwinkere nicht«, sagte Pakin.

Rakukin hörte auf zu zwinkern, krümmte den Rücken und zog den Kopf zwischen die Schultern.

– Сиди прямо, – сказал Пакин.

Ракукин, продолжая сидеть сгорбившись, выпятил живот и вытянул шею.

– Эх, – сказал Пакин, – так бы и шлепнул тебя по подрыльнику!

Ракукин икнул, надул щеки и потом осторожно выпустил воздух через ноздри.

– Ну ты, не фрякай! – сказал Пакин Ракукину.

Ракукин еще больше вытянул шею и опять быстро-быстро замигал глазами.

Пакин сказал:

– Если ты, Ракукин, сейчас не перестанешь мигать, я тебя ударю ногой по грудям.

Ракукин, чтобы не мигать, скривил челюсти и еще больше вытянул шею и закинул назад голову.

– Фу, какой мерзостный у тебя вид, – сказал Пакин. – Морда как у курицы, шея синяя, просто гадость!

В это время голова Ракукина закидывалась назад все дальше и дальше и наконец, потеряв напряжение, свалилась на спину.

– Что за черт! – воскликнул Пакин. – Это что еще за фокус?

Если посмотреть от Пакина на Ракукина, то можно было подумать, что Ракукин сидит вовсе без головы. Кадык Ракукина торчал вверх. Невольно хотелось думать, что это нос.

– Эй, Ракукин! – сказал Пакин.

Ракукин молчал.

– Ракукин! – повторил Пакин.

Ракукин не отвечал и продолжал сидеть без движения.

– Так, – сказал Пакин. – Подох Ракукин.

»Sitz grade«, sagte Pakin.

Rakukin saß weiterhin krumm da, streckte den Bauch vor und reckte den Hals.

»Ach«, sagte Pakin, »jetzt würde ich dir gern eine in die Fresse haun!«

Rakukin schluckte, blies die Backen auf und ließ dann vorsichtig die Luft durch die Nase.

»He, laß die Sperenzchen!« sagte Pakin zu Rakukin.

Rakukin reckte noch stärker den Hals und zwinkerte ungemein schnell mit den Augen.

Pakin sagte:

»Rakukin, wenn du nicht sofort mit dem Zwinkern aufhörst, kriegst du einen Tritt gegen die Brust.«

Um nicht mehr zu zwinkern, verrenkte Rakukin den Kiefer, reckte noch mehr den Hals und bog den Kopf zurück.

»Ekelhaft, wie du aussiehst«, sagte Pakin. »Die reinste Hühnerfratze, und der Hals blau, widerlich!«

Da sank Rakukins Kopf ganz weit nach hinten, bis er sich nicht mehr halten konnte und auf den Rücken fiel.

»Zum Teufel auch!« rief Pakin. »Was ist das nun wieder für ein Kunststück?«

Wenn man von Pakin aus zu Rakukin sah, hätte man meinen können, Rakukin sitze ohne Kopf da. Rakukins Adamsapfel stand in die Luft. Unwillkürlich dachte man, das sei die Nase.

»He, Rakukin!« sagte Pakin.

Rakukin schwieg.

»Rakukin!« wiederholte Pakin.

Rakukin antwortete nicht und saß weiterhin regungslos da.

»So«, sagte Pakin. »Rakukin ist krepiert.«

Пакин перекрестился и на цыпочках вышел из комнаты.

Минут четырнадцать спустя из тела Ракукина вылезла маленькая душа и злобно посмотрела на то место, где недавно сидел Пакин. Но тут из-за шкапа вышла высокая фигура ангела смерти и, взяв за руку ракукинскую душу, повела ее куда-то, прямо сквозь дома и стены. Ракукинская душа бежала за ангелом смерти, поминутно злобно оглядываясь. Но вот ангел смерти поддал ходу, и ракукинская душа, подпрыгивая и спотыкаясь, исчезла вдали за поворотом.

Pakin bekreuzigte sich und ging auf Zehenspitzen aus dem Zimmer.

Etwa vierzehn Minuten später kroch eine kleine Seele aus Rakukins Körper und schaute böse auf die Stelle, an der vorher Pakin gesessen hatte. Aber da trat hinter dem Schrank die hohe Gestalt des Todesengels hervor, nahm Rakukins Seele bei der Hand und führte sie irgendwohin, durch Häuser und Mauern. Rakukins Seele lief hinter dem Todesengel her und schaute sich alle Augenblicke böse um. Aber da beschleunigte der Todesengel seinen Schritt, und Rakukins Seele verschwand hüpfend und stolpernd hinter einer Biegung in der Ferne.

Daten zu Leben und Werk

1905 Am 30. Dezember wird Daniil Iwanowitsch Charms, eigentlich Juwatschow, in Petersburg geboren. Der Vater, Lehrer, war linker Sozialrevolutionär, Anhänger der Lehre Tolstojs, Häftling auf Sachalin.

1915 Eintritt in die erste Klasse der deutschen Peterschule in Petersburg.

1919 Erste dichterische Versuche (auf deutsch).

1922 Das früheste erhaltene Gedicht von Daniil Juwatschow mit dem Pseudonym »D. Ch.«. Wechsel an das Mariengymnasium von Detskoje Selo (vor der Oktoberrevolution Zarskoje Selo, später Puschkin, heute wieder Zarskoje Selo).

1924 Abitur, Beginn eines Studiums am Elektrotechnikum in Leningrad. Bekanntschaft mit Esther Russakowa, die später seine Frau wird.

1925 Auseinandersetzung mit dem Futurismus. Öffentliche Lesung eigener und fremder Gedichte (von Blok. Chlebnikow, Achmatowa, Belyj, Majakowskij), Beginn der Freundschaft mit Alexander Wwedenskij, Bekanntschaft mit den Dichtern Nikolaj Kljujew und A. Tufanow. Antrag auf Aufnahme in den Allrussischen Dichterverband, dem zwei Hefte mit Gedichten beigefügt sind. Auftritt auf dem vom Dichterverband Leningrad veranstalteten Abend »Saumniki«.

1926 Mit Wwedenskij Gründung der Dichterschule der »Tschinari« (*tschin* ›Rang, Stand‹), die in der Öffentlichkeit mit Lesungen hervortritt. Aufnahme von Charms in den Allrussischen Dichterverband, Sektion Leningrad. Bekanntschaft mit Nikolaj Sabolozkij. Beginn eines Filmstudiums (nicht beendet). Zusammenarbeit von Charms' und Wwedenskijs »tschinarischer« Dichterschule mit der literarischen und Theater-Gruppe »Radix«. Einstudierung eines mit Wwedenskij verfaßten Theaterstücks.

»Radix« geht ein. Charms debütiert in einem von der Leningrader Sektion herausgebrachten Gedichtband. Auftritte der »Tschinari«. Plan einer Gruppe »Linke Flanke«. Begegnung mit dem Maler Kasimir Malewitsch, Gespräche über die Möglichkeit einer Vereinigung von Dichtern und bildenden Künstlern. »Oberiu« (Vereinigung der realen Kunst) wird von Charms, Wwedenskij und Sabolozkij gegründet.

1927 Auftritt der futuristischen Gruppe »Linke Flanke« im Kreis der Freunde der Kammermusik. Arbeit an dem ersten eigenen Theaterstück *Die Komödie der Stadt Petersburg*. Gründung der Gruppe »Akademie der linken Klassiker« (Charms, Wwedenskij, Bachterew u. a.). Planung eines Almanachs. Auftritte, Aufführungen, Skandale (verursacht durch denunziatorische Kritiken). Sabolozkij wird Redakteur in der Kinderbuchabteilung des Staatsverlags Leningrad; beteiligt am Aufbau: Samuil Marschak und Nikolaj Olejnikow, Jewgenij Schwarz in der Redaktion. Dort erscheinen später Charms' Kinderbücher. Nikolaj Olejnikow und Boris Shitkow gründen die Assoziation »Schriftsteller der Kinderliteratur«, Charms, Wwedenskij und Sabolozkij werden zur Mitarbeit eingeladen. Charms schreibt das absurde Drama *Jelisaweta Bam*. Die Oberiuten lesen das Stück, bereiten eine Inszenierung vor.

1928 In den Ankündigungen des Hauses der Presse, Leningrad, erscheint die »Deklaration Oberiu«. Uraufführung der *Jelisaweta Bam* im Haus der Presse. Lesung von Gedichten. In der Nr. 1 der Kinderzeitschrift »Der Igel« erscheint von Charms das Kindergedicht *Iwan Iwanowitsch Samowar*. Im ersten Jahrgang drei längere Erzählungen von Charms. Schikanen gegen seine Frau Esther und deren Familie, Verhaftungen. Charms' Mutter stirbt. Verhaftung von Freunden.

1929 Veröffentlichungen auf dem Gebiet der Kinderliteratur. Plan eines Almanachs. Ausschluß aus dem Dichterverband Leningrad.

1930 Ein Beitrag von Charms im ersten Heft des »Zeisig«, einer Zeitschrift für Kinder im Vorschulalter. Zwei Kinderbücher erscheinen. Auftritt der Oberiuten im Studentenwohnheim der Universität Leningrad. Nach einer vernichtenden Kritik gibt »Oberiu« auf. Charms zu Gast bei Kornej Tschukowskij, dem angesehenen Kinderbuchautor. Ein Text im »Igel«.

1931 Gedichtbüchlein für Kinder *Eine Million.* Verhaftung von Charms, Tufanow, Wwedenskij u. a. (Verdacht »der Organisation und Beteiligung an einer antisowjetischen illegalen Vereinigung von Literaten«).

1932 6 Monate in Haft. Gemeinsam mit Wwedenskij Reise an seinen Verbannungsort Kursk. Erkrankung an Tuberkulose. Charms darf nach Leningrad zurück. Die Ehe mit Esther praktisch beendet, Annäherung an die Malerin Alice Poret.

1933 Bekanntschaft mit Marina Malitsch. Verstärkte Hinwendung zur Prosa. Wahrscheinlich Besuch in Malewitschs Atelier. Texte im »Zeisig«. Schreibt *Fälle,* die Titelgeschichte des späteren Erzählzyklus. Um zu überleben, bearbeitet Charms klassische Texte für Kinder (u. a. *Ulenspiegel* von Charles de Coster) und übersetzt in freier Nachdichtung Wilhelm Buschs *Plisch und Plum.*

1934 Texte im »Zeisig«. Charms erfindet die Lieblingsfigur der kleinen Leser, die »Kluge Mascha«.

Heirat mit Marina Malitsch. Aufnahme in den Sowjetischen Schriftstellerverband.

1935 Bei der Beerdigung Malewitschs trägt Charms ein Gedicht auf dessen Tod vor. Mehrere Veröffentlichungen im »Igel«. Schreibt das *Sonett* (aufgenommen in die *Fälle*).

1936 Beginnt sein »Blaues Heft« zu führen. Ein Text im »Zeisig«. Die Nachdichtung von *Plisch und Plum* erscheint.

1937 Schreibt ins »Blaue Heft« die Geschichte *Es war einmal ein rothaariger Mann. Plisch und Plum* als Buch. Im »Zeisig« das *Kleine Lied* von einem Mann, der aus dem Haus geht und nicht wiederkehrt. Ehekrise. Verhältnis mit der geschiedenen Frau von Wwedenskij. Verhaftung des verantwortlichen Redakteurs des »Igel« und von Mitarbeitern des Kinderbuch-Verlags. Charms' erste Frau, Esther, stirbt im Lager. Zerschlagung der gesamten »Redaktion Marschak«, zahlreiche Erschießungen. Olejnikow als »Volksfeind« erschossen. Von Charms erscheint ein gemeinsam mit zwei anderen Autoren verfaßtes Kinderbuch.

1938 Texte im »Zeisig«. Erschießung von Bekannten.

1939 Texte im »Zeisig«. Schreibt die Novelle *Die alte Frau.* Stellt den Zyklus *Fälle* zusammen.

1940 *Fuchs und Hase,* das letzte Kinderbuch. Texte im »Zeisig«. Letzte Fragmente im Notizbuch. Charms' Vater stirbt.

1941 Texte im »Zeisig«. Verhaftung. Charms wird für unzurechnungsfähig erklärt und in die Gefängnispsychiatrie eingewiesen.

1942 2. Februar: Daniil Charms gestorben.

Nachwort

Es ist schon merkwürdig: Am Ende des 20. Jahrhunderts erlebt ein Autor seine Auferstehung, der bereits in den zwanziger und dreißiger Jahren Formen des Schreibens und Lebens erprobt hat, die heute noch für die meisten Menschen als ›absurd‹ und verrückt gelten. Der literarische Außenseiter in Stalins Sowjetreich und Meister der Groteske, der Mann, der zu kurzen Lebzeiten nicht gerade von Glück und Ruhm verfolgt wurde, gilt seit einiger Zeit, vor allem in der »freien Theaterszene«, als Entdeckung, ja er ist zu einer veritablen Kultfigur geworden. Junge Regisseure gewinnen mit szenischen Collagen von Charms-Texten Preise, expressive, szenisch dichte Inszenierungen seiner *Jelisaweta Bam* überzeugen die Theatergänger, und schließlich ist der Dramatiker und Theatermann Charms zu mehr geworden als zu einem Textlieferanten »in Zeiten, in denen es keine unumstößlichen Wahrheiten mehr gibt«. In der Art, wie sich bei Charms Banales und Erhabenes, Realität und Alptraum durchdringen, ist, so spürt man immer stärker, das durch Katastrophen bestimmte Lebensgefühl der Gegenwart vorgeprägt. Nicht mehr nur der Verlust von moralischen und ästhetischen Maßstäben — der Verlust des Realitätsgefühls scheint die noch größere Bedrohung zu sein. Nach dem Beckett- und Ionesco-Zeitalter ist die Zeit für Charms, den Dramatiker, den Lyriker, den Prosaautor, gekommen, der in seinem Leben fast nichts veröffentlichen konnte, von dem fast nichts aufgeführt wurde; der am Ende fast nichts mehr zu essen hatte und den man schließlich während der Blockade Leningrads im Gefängnis verhungern ließ.

Daniil Charms hieß eigentlich Daniil Juwatschow. Seine
ersten Verse unterschrieb er einfach mit »Daniel«. Die
ursprüngliche Form von »Charms«, seinem meistge-
brauchten Pseudonym, war offenbar »Charm«, was auf
engl. *charm* verweist. Dieses Wort kam über das Französische auf die Insel und geht auf lat. *carmen* im Sinne
von ›magische Formel‹ zurück. Also: Daniil der Zaube-
rer, der Hexenmeister. So jedenfalls lautet eine Hypo-
these. Bald gesellte sich dem Namen ein *s* hinzu. Nicht
zu überhören aber ist dabei auch das englische wie
deutsche Wort »Harm«.

All das ist mehr als ein Spiel mit Worten, denn die
Geschichte dieses Pseudonyms spiegelt die Lebensge-
schichte des Autors wider: In den dreißiger Jahren hört
das Spiel des Zauberers und Zirkusliebhabers auf, die
Texte verlieren ihre Luftigkeit und Leichtigkeit, Schmerz,
Not, Verzweiflung treten hervor, wie im Namen, so im
Werk und im Leben. »Gestern sagte Papa zu mir, daß
ich, solange ich Charms bin, von der Not verfolgt sein
werde«, notiert der Autor am 23. Dezember 1936. Trat
Charms in den zwanziger Jahren noch als Dandy auf, der
sich, wie die Bohème des 19. Jahrhunderts in Frankreich
und England, Masken zulegt, um den Bürger zu provo-
zieren, so verwandelt er sich durch Verarmung und
andere äußere Umstände in einen von Depression be-
drohten Menschen. Das kommt Charms selbst nur zu
deutlich zum Bewußtsein, und in seinem Tagebuch häu-
fen sich die Selbstbeobachtungen, die den Leser weniger
belustigen als traurig stimmen: »Ich saß neben Frau
René, weithin sichtbar. Und auf einmal sehe ich, daß ich
ganz zerrissene und von Motten zerfressene Gamaschen
zur Schau trage, nicht eben saubere Fingernägel, ein
zerknautschtes Jackett und, was das Schlimmste ist, einen
offenen Hosenschlitz. Ich nahm, um alle diese Makel zu

verdecken, die unnatürlichste Haltung ein und saß so die ganze erste Hälfte des Konzerts«, so lautet eine der vielen Eintragungen. Immer deutlicher tritt das Gefühl der Bedrohung, der Angst und Selbstentfremdung hervor.

Geistesverwandte

Wer ist nicht alles zu nennen, wenn der Name Charms fällt. Seine Prosagrotesken lassen an (den ihm unbekannten) Kafka denken; seine absurden Stücke nehmen Beckett und Ionesco vorweg; gewisse Programmpunkte weisen Parallelen zu den Manifesten des französischen Surrealismus auf; der Engländer wird bei ihm den schwarzen Humor wiederfinden. Auch wird er darauf verweisen, daß Charms englische Gedichte mochte, besonders die von Carroll und Milne, und daß er selbst eine russische Variante des kauzigen, schrulligen Gentleman darstellte. Der deutsche Leser wird sich zuweilen vielleicht an Karl Valentin erinnert fühlen oder in ihm einen Vorläufer der Wiener Gruppe und der konkreten Poesie sehen. Und dann sind da noch Dada und der Futurismus und, einige Dekaden später, Happening und Ambiente-Kunst. Sicher, mit allen den genannten Personen und Strömungen gibt es Gemeinsamkeiten. Dabei ist jedoch zu bedenken, daß Charms nicht die gedankliche und sprachliche Differenziertheit eines Kafka, André Breton oder Samuel Beckett aufweist und auch entfernt ist von deren noch im Absurden spürbaren hohen Geistigkeit und Intellektualität. Bleiben wir bei dem, was Charms in seinem eigenen Land vorfand, was er tatsächlich kannte, was ihn beeinflußt und inspiriert hat.

Russische Traditionen

Da ist zuerst einmal, vor aller literarischen Bildung, der in Rußland so beliebte Volkswitz, der sich zum Beispiel gern in respektlosen Anekdoten über berühmte Persönlichkeiten äußert, und dann die Lust am Sprachspiel. Wir kennen die große Liebe der Russen zu ihrer Sprache. Weniger bekannt ist bei uns ihr spielerischer Umgang mit dieser Sprache. Vom Kalauer, Spott- und Nonsens-Vers und der Tschastuschka (Schnaderhüpferl) über die Posse bis zum veritablen Sprachkunstwerk — jedes Sprachprodukt wird in Rußland beachtet und nie so streng in bestimmte Schubfächer getan wie bei uns, Hoch und Niedrig leben durchaus gleichberechtigt nebeneinander. Unter diesem Aspekt ist Charms zu sehen. Sein ›chaotischer‹ Umgang mit Ideen und sprachlichen Formen ist nicht so ungewöhnlich, wie er dem Uneingeweihten vorkommen mag, er steht in der russischen Tradition. Charms brauchte keine Theorie, die ihm gesagt hätte, wie er mit der Sprache umgehen könnte — er lebte vor aller Theorie so spielerisch-kreativ in ihr, wie es in Rußland viele andere vor ihm taten. Dann gab es die jedem lesenden Russen vertraute phantastische Welt von Gogols *Petersburger Erzählungen* (Charms zählte Gogol zu den fünf größten Genies der Weltliteratur). Nach Gogol ist Tschechow zu nennen, etwa sein Monolog *Über die Schädlichkeit des Tabaks*. Und dann ist in Alexander Bloks später, durch das Paradox bestimmten Prosa einiges von dem vorgebildet, was sich bei Charms wiederfindet.

Tendenzen der zwanziger Jahre

Am besten verstehbar und erklärbar ist Charms selbstverständlich innerhalb der literarischen Tendenzen seiner Zeit. Als er noch ein Kind war, hatte der russische Futurismus das Terrain erobert, man befand sich in einer außergewöhnlich lebendigen Epoche des literarischen Experiments. Das Zauberwort, das die postsymbolistische Erneuerung der künstlerischen Sprache begleitete, hieß »Saum« (»Sa-úm«): ›außerhalb oder jenseits des Verstandes‹, eine Art surrealistischer Sprechweise, in der Rhythmus, Klangbild, Alogik und Neologismus mehr zählen als die kommunikative Funktion der Sprache. Majakowskij, Chlebnikow, Pasternak und andere hatten ihre jeweilige persönliche Saum schon längst ausgebildet, als Charms Mitte der zwanziger Jahre zusammen mit seinem Freund Wwedenskij die Bühne betrat. Und bei ihnen wurde nun alles ein bißchen anders: Sie begeisterten sich nicht so sehr für die phonetischen Tonleitern der Saumniki (obwohl Charms Lesungen von Gedichten Majakowskijs, Chlebnikows und Sewerjanins veranstaltete) und behielten, bei allen Verwandlungskunststücken mit den Worten, deren Bedeutungskern doch bei. Sie waren so etwas wie moderne Spielleute, die als Possenreißer die Zuhörer unterhielten. Doch daraus wurde dann doch mehr, der Zusammenschluß mit Gleichgesinnten führte zur letzten bedeutenden Richtung oder Schule der russischen Literatur.

Oberiu

Dieses — zugleich komisch und provozierend wirkende — Abkürzungswort eines Zusammenschlusses von Schriftstellern in Leningrad im Jahre 1926 bedeutet: Vereinigung der realen Kunst. Komisch ist es durch das auslautende u, denn dort erwartet man im Russischen ein »-ism«, einen »Ismus«. Provozierend durch die Aussage, daß es sich hier um *reale* Kunst handle. In einer immer feindlicher werdenden Umwelt, in der, auf dem Gebiet der Kunst, ein sich verhärtender Realismusbegriff die

Oberhand gewann (der bald in den alleingültigen So-
zialistischen Realismus münden sollte), mußte eine
solche Zielsetzung wie eine Kampfansage wirken. Denn
die Oberiuten wollten den herrschenden Realismus in
der Kunst ja nicht etwa noch überbieten — für sie war
im Gegenteil die tatsächliche Realität nur durch eine
völlig neue, absurde Kunst zu erreichen und darzustellen.
Einzelne Teile in einem Gedicht, einem Bild, einem
Theaterstück, einem Film konnten realistisch sein, die
Kombination der Teile verließ die Schranken des Ge-
wohnten und schuf eine neue Wirklichkeit, die schockier-
te. Oberiu setzte übrigens nicht die Saum-Dichtung fort.
Die futuristisch-surrealistischen Oberiuten fühlten sich,
bei aller Verehrung für den großen und geheimnisvollen
Chlebnikow, der 1922 gestorben war und den Dichtern
Rußlands ganz neue kosmische Räume und einen zu den
Wurzeln zurückgehenden und gleichzeitig in die Zukunft
weisenden Umgang mit der Sprache gezeigt hatte, nicht
als Fortsetzer der transmentalen Kunst. Charms, Wwedenskij, Sabolozkij, zeitweilig Waginow, Olejnikow und
J. Schwarz, sie alle und die eher Namenlosen agierten
auf einer anderen Ebene: »Die Theaterstücke von
Charms und Wwedenskij verzichten weitgehend auf kon-
sequente Handlung, auf Identität der Figuren, verselbstän-
digen die Teile kaleidoskopartig bis hin in die einzelnen
Repliken des Dialogs. Die Entfremdung der Menschen,
die Entseelung der Existenz spiegelt sich im marionetten-
haften Handeln der Gestalten. In dem wenigen Erhal-
tenen kommt bisweilen konkrete Zeitkritik zum Aus-
druck, immer steht ein tragisches Weltempfinden hinter
der in verschiedenem Grade verfremdeten, verdichte-
ten und entpersönlichten Aussage«, schreibt Wolfgang
Kasack.[1] Die Literaturfunktionäre erkannten bald, daß
hier mit der Macht der Phantasie eine nicht zu unter-

1 Wolfgang Kasack, *Lexikon der russischen Literatur des 20. Jahrhunderts,* München 1992, Sp. 851 f.

schätzende Gegenkraft am Werk war. 1927 wurde das Erscheinen eines Almanachs verhindert, Veranstaltungen wurden angegriffen, 1930 wurde den Oberiuten in einem Artikel Protest gegen die Diktatur des Proletariats vorgeworfen, und das bedeutete das Ende.

Heute erfreut sich die Vereinigung Oberiu in Rußland und im Ausland steigender Wertschätzung: ihre Stücke werden aufgeführt, ihr Manifest wird studiert, akademische Untersuchungen werden geschrieben. Und vor allem: Das, was überliefert wurde, ist nun gedruckt zugänglich — erst lange nach ihrem Tode sind die Mitglieder von Oberiu nun auch zu Autoren mit Büchern geworden, denn zu ihren Lebzeiten wurde so gut wie nichts veröffentlicht. Nach der Charms-›Renaissance‹ (man kann dieses Wort nur in Anführungsstriche setzen, denn eigentlich handelt es sich zuerst einmal um eine Naissance, eine Geburt, die nachgeholt wird) ist zu hoffen, daß man bei uns auch das Werk seines Mitstreiters Nikolaj Sabolozkij entdeckt, der in Rußland längst zu den Klassikern des 20. Jahrhunderts gehört.

Fälle

Auch was uns heute als ein Zyklus von dreißig Texten entgegentritt, hat Charms gedruckt nie gesehen: Die wichtigsten Werke konnten zu seinen Lebzeiten nicht erscheinen; und so hat er sie nur für sich selbst und für den Tag X zusammengestellt. Diese zwischen 1933 und 1939 geschriebenen kleinen Geschichten (deutsch zum erstenmal 1970, später in revidierter Übersetzung), in denen Prosa, Dialog und lyrische Passagen miteinander wechseln, stellen wohl das Zentrum von Charms' Prosaschaffen dar und würden genügen, ihrem Autor innerhalb der modernen russischen Literatur einen festen Platz zu sichern. Die frühen dreißiger Jahre bedeuteten, nach der Zerstörung der Gruppe Oberiu, einen deutlichen Einschnitt in Charms' literarischer Entwicklung: Die Lyrik trat hinter der Kurzprosa zurück. Der Grund liegt wohl darin, daß Charms seiner verzweifelten Situation mit Gedichten nicht mehr beikommen konnte: Die Zeit war nicht mehr danach, aus dem schwarzen Zylinder des Lebens (man denke nur an die Schauprozesse der Jahre 1936–38) mit leichter Hand die weißen Kaninchen lustiger Gedichte hervorzuholen. Möglich aber waren jene »Kürzestgeschichten, hinter deren grotesker Verstellung das Automatische, absichtslos Grausame und die Entfremdung des Menschen deutlich wird« (W. Kasack). An den *Fällen* kann, wie in einem Zeitraffer, Charms' Entwicklung noch einmal abgelesen werden: Die Geschichten reichen von lustigen Begebenheiten, mit Wortspiel und Irreführung des Lesers, bis zu solchen, die in Hunger, Verzweiflung und Tod enden. Was zuerst Witz und Spaß war, wird zu bitterem Ernst, der Witz wird böse, der Humor schwarz – die Notizbücher aus den Jahren 1924 bis 1940 belegen das allmähliche Versinken in Angst und Verzweiflung mit aller Deutlichkeit: »Ich tue nichts: eine hündische Angst überkommt mich. Ich sitze diese Tage zu Hause [...], horche in meinen Körper hinein und bekomme es mit der Angst. Vor Angst fängt das Herz an zu flattern, werden die Füße kalt, und die Angst packt mich im Genick« (1932). Und ein paar Jahre später, 1937, heißt es in Gedichtform lapidar:

> Verloren ist das Feld des Lebens.
> Und alle Hoffnung ist vergebens.
> Zu Ende ist der Traum vom Glück.
> Und nur die Armut blieb zurück.

Die meisten *Fälle* sind Charms' eigene Schöpfungen. Zu den Geschichten Nr. 7 (*Puschkin und Gogol*) und Nr. 28 (*Anekdoten aus Puschkins Leben*) muß jedoch gesagt werden, daß es Puschkin-Anekdoten fast schon seit Puschkin gegeben hat; sie bilden seither, auf dem Gebiet der Satire und Parodie, geradezu eine eigene Gattung. Charms vermerkt 1925 in seinen Notizbüchern die Lektüre des von dem futuristischen Dichter A. Krutschonych (der übrigens den Begriff »Saum« geprägt hat) zusammengestellten und 1924 in Moskau im Selbstverlag herausgegebenen Bandes *500 neue Witze und Kalauer Puschkins.* Wie schon gesagt: Der respektlose Umgang mit Größen der Vergangenheit, aber auch der »Scharsh«, die scherzhaft-satirische Porträtierung von Kollegen, hat in Rußland Tradition und tut der Verehrung des betreffenden ›Opfers‹ keinerlei Abbruch. Und was ursprünglich von wem zum erstenmal in die Welt gesetzt wurde, das interessiert kaum einen Menschen. Mit der Frage des sogenannten geistigen Eigentums hielt Charms es ähnlich wie Brecht, und hierzu hat kein anderer als Puschkin, der große Liebhaber witziger Anekdoten, bereits Endgültiges gesagt: Nicht Schwäche, sondern Stärke beweise derjenige Dichter, der von einem anderen etwas übernimmt und daraus etwas Neues und Gescheites zu machen versteht.

Dank der oft zitierten »Gerechtigkeit der Geschichte« ist der Fall »Charms« kein Archiv-Schicksal mit einer Nummer auf der Akte geblieben. Zunächst vergessen, dann, nach vielen Jahren, von einigen wenigen wiederentdeckt, im Ausland in seiner Bedeutung zuerst zögernd erkannt, ist Charms heute mit dem Wesentlichen seines verstreuten Werks zugänglich. Aus der einstigen Figur des genialischen Petersburger Literaturbetriebs ist ein international beachteter Autor geworden.

Kay Borowsky

Inhalt